浅井 隆の 大予言 上

——2018年から
2050年にかけて
起きること

Takashi Asai's predictions.

浅井 隆

第二海援隊

プロローグ

とんでもない二〇年がやってくる‼

「とんでもない二〇年がやってくる‼」――二〇一七年二月、私はシンガポールで世界三大投資家の一人と言われるジム・ロジャーズから、この恐るべき予言を投げつけられた。

この言葉は、世界の中でも私たち日本人にとってとりわけ深刻なものとなるだろう。なにしろ、北朝鮮による核ミサイル問題、止まるどころかますます拡大する日本国政府の借金、人類史上初のスピードで進む少子高齢化、中国の脅威の増大とやむことのない習近平による世界軍事覇権大国への道、そして日本の製造業の劣化（東芝・神戸製鋼所・日産自動車……）。アベノミクスに浮かれているヒマなど、私たちにはないのだ。

二〇一七年一二月の暮れも押し迫ったある日、私は東京・永田町で大物政治家と極秘に会談していた。将来の首相候補の一人とされるその人物は、驚くべき話を私にした。「防衛上も財政上も日本はとんでもない国になってしまった。財政は必ず破綻するだろう。金利が上がったらおしまいだ。しかも、本当のことを言うと自衛隊には弾丸も食糧もあまり備蓄されていない。ということは……」。二〇一八年から二〇五〇年にかけて、本当に何が起きるのか。その驚愕のドラマの幕が切って落とされる!!

二〇一八年一月吉日

浅井　隆

浅井隆の大予言〈上〉――目次

プロローグ
とんでもない二〇二〇年がやってくる!! 2

序章　二〇一八―二〇一九年前半
――浮かれる景気・株は二万七〇〇〇円に
前代未聞の激動と混乱の時代を迎える 10

第一章　二〇一九年
――北朝鮮核ミサイル、ついに東京を直撃
今、起こりうる危機――北朝鮮核ミサイル 14
覇権の移行が起こっている!? 16
米中朝による〝ビッグ・ディール〟 24

北朝鮮による密漁　36
ミサイルと密漁船が日本の排他的経済水域を脅かす　41
「電磁パルス攻撃」ですべてが停止する　54

第二章　二〇二〇年――世界大恐慌

世界中で債務が増え続けている　64
二〇二〇年にグレート・リセッション到来か　73

第三章　二〇二三年――AI、仮想通貨が世の中を支配

AI・仮想通貨に人の活動が淘汰される　82
二〇二三年には失業率約五〇%!?　83
あなたの仕事はコンピュータに淘汰されるか　86
ケインズの予言〝人は働かなくてよくなる〟　90
「IoT」・AI事情と日本　91

人の能力をＡＩが超える時代へ　96
ＡＩによる最悪の事態　99
金融機関が「フィンテック」に淘汰される　102
「ブロックチェーン」が生み出す世界　108
「ブロックチェーン」とは　112
ビットコインを使ってＣｔｏＣの世界へ　115
あえて言えば、仮想通貨は通貨である　119
仮想通貨は既存の通貨や中央銀行を駆逐する？　123
「スマートコントラクト」が実現する金融機関不在の世界　125
ＡＩや仮想通貨によって支配される世界　126

第四章　二〇二四年――南海トラフ巨大地震と富士山大噴火

日本は世界有数の地震・火山大国　130
プレートの境界に位置する日本列島　131

国内で確認される二〇〇〇ものの活断層　139
簡単ではない地震予知　146
懸念される巨大地震　149
繰り返し発生してきた「南海トラフ巨大地震」　151
南海トラフ巨大地震はいつ起きるのか？　163
南海トラフ巨大地震がもたらす恐るべき被害　164
巨大地震は火山噴火を誘発する　167
富士山は三〇年に一回噴火してきた　168
富士山噴火で首都・東京はどうなる？　172
ポルトガルを壊滅させたリスボン地震　176

第五章　二〇二五年――トヨタ壊滅、日本の産業崩壊

iPhone（アイフォーン）に駆逐されたノキア　180
温暖化ガス排出権を買うトヨタ　189

世界各国の自動車関係環境規制 192
米中の真の狙いはトヨタ潰し？ 195
「ＥＶは流行らない」説の死角 202
トヨタ潰しのためのＥＶ推進 208
日本の秘策〝水素カー〟 214
究極のエコカー〝水素〟、その覇権も狙う中国 221
それでも尊敬される日本の製造業 224

※注　本書では為替は一ドル＝一一二円で計算しました。

序章

二〇一八―二〇一九年前半

――浮かれる景気・株は二万七〇〇〇円に

前代未聞の激動と混乱の時代を迎える

とりあえず、二〇一八年は平穏な年となるだろう。

平穏どころか、株などはバブル的様相を呈するかもしれない。この本を書いている二〇一七年末現在、日経平均は二万二〇〇〇円台だが、二〇一八年あるいは二〇一九年前半に二万七〇〇〇円近辺（勢いがついて行き過ぎれば三万円前後）まで上昇することだろう。

しかし、そこが天井だ。オリンピック特需も早めに終わるため、景気は二〇一九年から徐々に悪くなるはずだ。アベノミクスも、いよいよ息切れする。二〇一九年後半から二〇二〇年にかけて（おそらく二〇二〇年だろう）、国債暴落と連動して株価は大きく下がることだろう。

それは、〝下がる〟というより〝大暴落〟という表現が当てはまるほどのひどい下げとなる可能性が高い。もし、その直前の天井が二万八〇〇〇円とすると、一万四〇〇〇円くらいまで下がるというイメージだ。この暴落の最後の局面では、「株は終わった」という嘆きが証券業界でも聞かれるはずだ。しかし、この大底で株を買えた人にとっては、天の恵みが二〇年に亘って続くことだろう。

問題は、先ほどちらっと述べた国債の暴落だ。日本国債は、おそらく二〇二〇年頃未曾有の大暴落を起こすこととなる。つまり、金利の急激な上昇だ。これは、日本国に致命傷をもたらす。国家破産への死の行進が始まるからだ。

二〇二〇年を起点とし、二〇二五年にかけて様々な前兆が出る。そして、二〇二五年から二〇三〇年にかけてこの国は完璧に破産し、二〇三二年頃に預金封鎖、財産税などの徳政令が断行されるはずだ。

そして、この弱った獲物をハイエナのように狙ってくるのが、中国だ。まず尖閣諸島を奪い、その後少し時間をおいて在日米軍の撤退を見届けると、沖縄を占領しにやってくるだろう。さらに遠い将来の話だが、二〇五〇年頃には日本そのものが中国の実質的支配下に置かれているかもしれない。軍事的な支配がないとしても、経済的には支配されているかもしれない。

そのきっかけとなるのが、トヨタの崩壊だ。米中両政府は、世界の自動車の覇王トヨタを一〇年かけて潰そうという恐るべき戦略を持っており、そのために自動運転とEVの両面攻撃をしかけてきている。世界の携帯電話のほとんどを牛耳っていたノキアがスマホの登場により五~六年で壊滅したように、巨艦トヨタでさえ一〇年後はどうなっているかわからない。基幹産業を失った日本は、少子高齢化のトレンドの中で沈まざるを得ない。

先ほども述べたように、将来の日本を考える上でどうしても見過ごすことのできないのは、中国の軍事的膨張と世界覇権大国への野望だ。このままでは日本は、完全に中国に呑み込まれてしまう。しかし、その前に北朝鮮核ミサイル問題の決着がある。二〇一九年に、何かがある可能性が高い。日本もタダではすまないだろう。

いずれにしても、二〇一八年~二〇五〇年は人類史上にも名を残すような、激動と混乱の時代となる可能性が高い。

第一章

二〇一九年
――北朝鮮核ミサイル、ついに東京を直撃

今、起こりうる危機——北朝鮮核ミサイル

二〇一七年秋の衆議院選挙での安倍自民大勝を、影で支えた人物がいる。その人こそ、三八度線の北に居座るあの〝将軍様〟だ。何度も行なわれた北の核ミサイル発射テストは、タカ派で強い発言を繰り返す安倍首相の人気をいやが上にも高めた。しかも衆議院選挙の直前、海外で不思議なジョークがささやかれた。実は、トランプ大統領と安倍首相は、将軍様と極秘のホットラインを持っているのではないかと。二人とも人気が落ちてくると、受話器を取り上げ、「すぐに一発撃ってくれ」、「しかも、よく効くハデなやつを頼む」と懇願するという。まるで麻薬中毒の患者のように……。

これはあくまでもジョークだが、現実には冗談ですまないとんでもない事態が進行中だ。実は北は日本に対して、「ＥＭＰ攻撃」という特殊な核攻撃手段まで準備しているというのだ。それは一体、どんな代物なのか。

まったく信じられないことが起きた。その瞬間は直接的被害としては日本人は誰一人として死ななかったが、間接的被害としてじわじわと三〇〇万人が寒さと飢えとストレスで死んで行った。そしてその後、五〇〇〇万人が数年間に亘って原始生活を送らざるを得なかった。これが、二〇一九年に北朝鮮核ミサイルが東京を攻撃した時の結末だったのだ。

二〇一七年の世相を表す「今年の漢字」は、「北」であった。日本漢字能力検定協会の一般公募で最多の票を集めて選ばれた。一二月一二日京都・清水寺で発表され、森清範貫主《かんす》が特大サイズの和紙に大筆で「北」一字をしたためたのを記憶されている読者も少なくないであろう。「北」が選ばれた最大の理由は、言うまでもなくミサイル発射や核実験強行を繰り返す「北朝鮮」だ。

今、わが国は様々な危機を抱えている。私がかねてから訴えてきた社会保障制度破綻・財政破綻危機はその最たるものである。しかし、これは確実に起こる危機ではあるが、危機が顕在化するのは今年や来年ではない。いつまで経っても痛みを伴う改革を行なうことができないお粗末な政治のせいで、確実に破綻は起こるが、しかしそれが顕在化するのは団塊の世代が七五歳以上の後期高齢者になる二〇二五年以降であろう（いわゆる「二〇二五年問題」。この『浅井隆の大予言』では下巻で取り上げる）。そしてこの危機は極めて深刻ではあるが、日本国民の命をすぐに奪うものではない。しかし、北朝鮮核ミサイル危機はそうではない。今年、来年にも起こりうる危機であり、そして幾多の日本国民の命を直接奪う危機である。国土を壊滅させる危機である。

覇権の移行が起こっている!?

二〇一七年一〇月二二日に行なわれた、第四八回衆議院選挙。憲法九条への自衛隊明記など、初めて憲法改正を重点項目に据えて戦った自民党は大勝した。翌一一月に初来日したトランプ米大統領は、安倍晋三首相と首脳会談を行ない二人は共同記者会見で北朝鮮への圧力を最大限まで高めることで一致。日米同盟の〝揺るぎない絆〟を世界に示した。

しかし、冷静にトランプ大統領の言動を振り返ってみれば、日米同盟の揺るぎない絆などというのは、そもそも怪しげなものであった。トランプ氏は大統領選挙中、北朝鮮のミサイル問題についてこんな風に述べていた。「北朝鮮は狂っている。ミサイルテストを繰り返している。そこに我が国の兵士たちが座して見守っている。日本は北朝鮮から見れば格好の位置にあるから、我々は日本を守っている。そこで、我々は自問自答する。我々が、それで得るものはなにか、と」（日本経済新聞電子版二〇一六年七月二二日付）。これは、我々は日本を北朝鮮のミサイルから守ってやっている。その守ってやっている我々、つまりアメリカが得るものは何か——トランプ大統領の関心は、つまるところそこにしかないのである。

二〇一七年一一月の訪日直後から、トランプ大統領のそうしたスタンスにまったく変わりはないと喝破している識者もいた。たとえば立命館大学政策科学部教授、立命館大学地域情報研究所所長の上久保誠人氏である。上久保氏は二〇一七年一一月八日付ダイヤモンド・オンラインにおいて、「トランプ訪日で浮き彫りになった『アメリカファースト』の真実」と題する記事を寄稿し、その中で訪日時のトランプ大統領の発言についてこう述べている。

北朝鮮への圧力を一段と強化する方針を示した。それは大変心強いことだが、発言の内容は、従来以上に踏み込んだものではない。

（ダイヤモンド・オンライン二〇一七年一一月八日付）

その上で上久保氏はこう続ける。

むしろ驚かされたのは、トランプ大統領が「日本が米国からさらに軍装備品を購入すれば、安倍首相は北朝鮮のミサイルを撃ち落とすことができるだろう」と発言したことだ。（中略）結局、「過去にない緊密な日米関係」をいくら強調してみたところで、トランプ大統領は「アメリカから武器を買って、日本に飛んでくるミサイルは自分で撃ち落とせ」なのである。何度でも強調するが、アメリカファーストなのである。
（同前）

多くの日本人が、そのことを忘れている。トランプ大統領の過激な言動にばかり気を取られている。しかし、私たち日本人がもっとも気を付けなければいけなかったのは、本当はそこなのだ。いや、もっと言えば、問題の根はトランプ氏という奇矯な人物にあるのではない。アメリカそのものの変化にあるのだ。
上久保氏は、前稿の中で次のように指摘している。

米国のアメリカファーストは、トランプ大統領の個人的な思いつきではない。前任のバラク・オバマ大統領の時代から進められてきた、米国の国家戦略の変化と見なすべきものなのである。オバマ前大統領は、二〇一三年九月に対シリア内戦への軍事不介入声明を発表した際、「もはやアメリカは世界の警察官ではない」と宣言し、中東からの米軍撤退、将来の韓国からの米軍撤退（公表）、二〇二〇年から二〇二六年の間に沖縄から海兵隊を含む全米軍撤退（非公式）、NATO（北大西洋条約機構）の閉鎖又は欧州中央軍への統合、中南米、アフリカ地域からの米軍撤退等々を打ち出してきた。「世界の警察官を少しずつやめていく」のは、米国内で党派を超えたコンセンサスなのだ。（同前）

トランプ大統領個人の話に矮小化させてはならない。アメリカの戦略として、もうすでに在日米軍撤退まで視野に入っているというのである。上久保氏はアメリカが世界の警察官をやめようとする理由を、「シェール革命」にあるとする。シェール革命によりアメリカがエネルギー自給を達成し、産油国が多数ある中東など国際社会に「世界の警察官」として関わっていく必要性がなくなったからだというのである。

しかし、確かにシェール革命によりアメリカが中東に関与する動機は大きく殺がれた。中東は、地理的に近いヨーロッパにとっては大問題かもしれないが、アメリカにとってはもう大した問題ではない。アメリカがこう考えておかしくはないが、それと東アジア情勢とはまったく話が違う。

東アジアでは、経済的にそして軍事的に急速に力を付けてきている大国がある。言うまでもない、中国である。米軍が韓国、さらに日本からも撤退することになれば、東アジアは事実上中国の手中に落ちる。中国が東アジアを牛耳るということは、中国が近年主張している米中による「太平洋の二分」が現実のものとなることを意味する。

この太平洋分割管理構想は、今から一一年前二〇〇七年五月にティモシー・キーティング米太平洋軍司令官が初めて訪中した際、中国海軍高官から持ちかけられたという。キーティング司令官はその後、議会で「最初は冗談かと思っていたが、本気だったので驚いた」と証言している。わずか一〇年ちょっと前には、冗談のレベルの話であったのだ。それがもう、視野に入ってきているのである。このアメリカの戦略転換の背景にあるのは、シェール革命などではない。中国の台頭、さらに言えば私がかねてから指摘している「覇権の移行」だ。二一世紀は、アメリカから中国への覇権の移行の時代なのだ。そして、覇権が移行する時には大きくバランスが崩れるから、世界は激動に見舞われる。当然、戦争も避けられない。

「パクス・アメリカーナ」――多くの読者は耳にしたことがあるであろう。「アメリカの力による平和」という意味であり、超大国アメリカの覇権が形成する「平和」である。覇権国家アメリカによる抑えが、ほんの一〇年ほど前までは効いていた。アメリカが世界の警察官であったから、大枠として世界の平和は維持されてきた。日本の歴史で言えば、江戸時代である。江戸幕府の力が抜きん出ていて諸侯を抑えつけていたから、日本は二五〇年以上に亘って平和が維持されたのである。その力が弱まってきて次の覇権を握ろうとする勢力が台頭してきた時、バランスが崩れ力の空白が生じる。その時、その力の空白を埋めるべく、必ず戦争が起こる。これは理の当然であり、歴史的事実でもある。

覇権は800年の波の中で国家間を移動

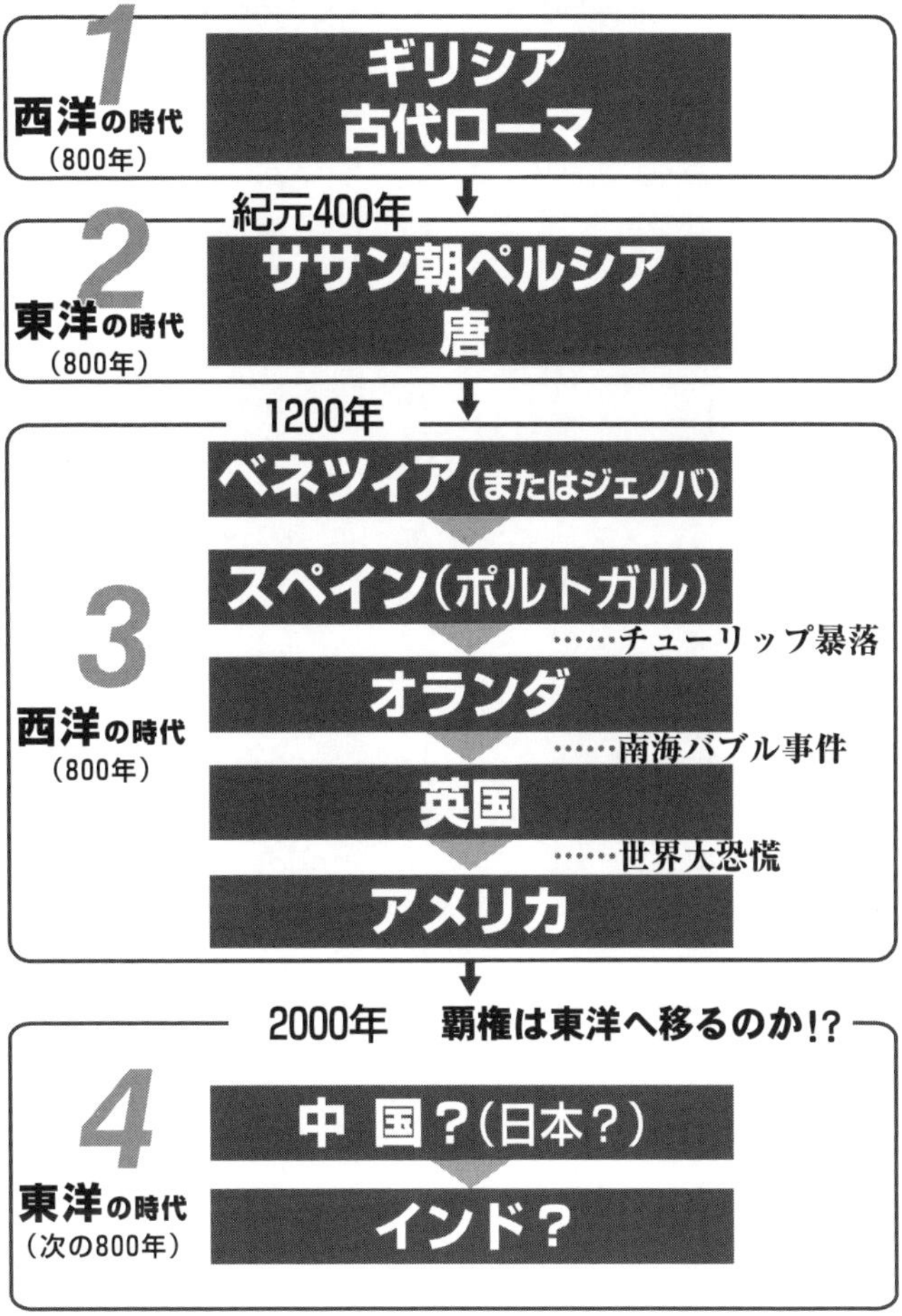

今、そのバランスが大きく崩れようとしている。だから中東が荒れ、東アジアにも荒波が押し寄せているのである。今は中東の混乱が激しいから、私たち日本人はまるで対岸の火事のようにその悲惨な混乱ぶりを眺めているが、しかし東アジアは次の覇権国家となるであろう中国のお膝元である。トンデモナイ悲劇は、むしろ日本を取り巻くこの東アジアでこそ起こっても不思議ではない。

では、ここから冒頭で述べたようにフィクションも取り混ぜながら、北朝鮮危機がどのような形で起こり得るか、お話しして行こう。

米中朝による〝ビッグ・ディール〟

二〇一八年一一月、トランプ大統領はAPEC（アジア太平洋経済協力会議）首脳会議への出席もかねて、再び東アジア各国を歴訪した。しかし、この時の様子は一年前とはまったく様変わりしていた。訪問順は二〇一七年の時と同様に、まず日本、次いで韓国、そして中国の順番であったが、滞在日数は日本は三日間から二日間に言わば格下げされた。韓国は二日間で変わらず。中国も三日間で変わらずだった。

日米首脳会談では、日本はトランプ大統領からストレートに批判を浴び、注文を受けた。日本では、安倍首相が憲法改正論議で大きく支持率を下げ、さらに持病の潰瘍性大腸炎を再び悪化させ明らかに影響力を失い、レームダック化していた。トランプ大統領はこの力を失ったリーダーを軽視する態度を露骨に示した。共同記者会見での発言も一年前とは微妙に、そして大きく変わったものとなった。「日本はさまざまな防衛装備を米国から購入することになる。米国は世界最高の軍事装備を持っている。そうした装備を購入するのだ」——ここまでは、表現は強くなっているが、一年前とほぼ同じ内容の発言であった。大きく違ったのはここから先だ。一年前は「多くの雇用が生まれ、日本がもっと安全になる」であったが、それがこう変わったのだ。「米国には多くの雇用が生まれ、日本は自らの手で自らの国を守ることができるようになる」。

そそくさと日韓を後にしたトランプ大統領は、中国で習近平主席と前年の二倍近い時間をかけて首脳会談を行なった。

こういう形になることは、まったくありえないことではない。まず安倍首相だが、体調不良はかねてから懸念されているところだ。実は、一部では密かに話題になっている話だが、安倍首相が成果を強調したトランプ大統領とのゴルフ外交の際、安倍首相は足元がおぼつかなく、バンカーで転倒、後方にものの見事に一回転してしまっているのだ。転倒以外でもトランプ大統領が投げたボールに反応できないなど「やはり体調が悪いのではないか」という声が影ではささやかれている。官邸事情通の話によれば、潰瘍性大腸炎の症状を抑えるために、副作用のある強いステロイドを服用していて、それが体調を悪化させている可能性もあるという。それくらいの状態なのだ。

また、安倍首相にとって自衛隊の存在を憲法に明記するのは悲願であり、何としてもこれを貫こうとするであろうが、二〇一五年の安保法案の時でさえ支持率は大きく下落した。まして、護憲派の聖域である「九条」に踏み込むとなれば、それ以上の支持率下落を避ける方が難しいだろう。

そして、このフィクションの最大のポイントは、ラストの中国にある。

米、高まる脅威に危機感、新型ＩＣＢＭ「深刻」、対北朝鮮、事態打開なるか

（前略）目先の焦点は、北朝鮮に大打撃を与える原油禁輸に中国を動かせるかだ。トランプ氏は二九日、中国の習近平（シー・ジンピン）国家主席と電話協議し「あらゆる全ての手段」を行使するよう迫った。中国外務省は二九日、今回のミサイル発射に従来より強い表現で反発したが、北朝鮮を追い込みすぎるとして石油禁輸に慎重な姿勢を崩さない。（中略）

一転、対話も

北朝鮮が核弾頭の技術を確立し、米本土を攻撃できるＩＣＢＭを実戦配備すれば危機のレベルは高まる。米国の情報機関は来年中にもICBMを完成させると予測するが、前倒しで技術を完成させて事態が早く動き出す展開も指摘される。米専門家の間では、北朝鮮を核保有国として認めざるを得ないとの意見もあり、トランプ政権が対話に転じる可能性はある。米国は米本土に届かない核ミサイルを持つとされるパキスタンを事実上、黙認している。

米国が北朝鮮を核保有国と認める見返りに、北朝鮮がICBMの開発を凍結する取引のシナリオは、日韓にとって最も避けたい展開だ。中距離ミサイルは日本に照準を置いたままで、拉致問題の解決も遠のきかねない。（後略）

（日本経済新聞二〇一七年一一月三〇日付）

これは、二〇一七年一一月二九日の北朝鮮によるICBM発射を受けて現実の日本経済新聞の解説である。この記事にあるように、中国は限界まで北朝鮮を追い詰める気はない。それを証明するスクープが、本稿最終校正時に飛び込

んできた。二〇一八年元旦の読売新聞一面トップの記事だ。「中露企業 北へ密輸網」のリード部分から抜き出そう。

「北朝鮮が石油精製品を公海上で積み替えて密輸している問題で、中国企業がロシア企業からの密輸を手助けしている実態が、読売新聞が入手した契約関連文書から明らかになった。中露朝の密輸ネットワークは、北朝鮮への石油供給を制限する国連安全保障理事会の制裁の大きな抜け穴と言える」（読売新聞二〇一八年一月一日付）。ロシアもそして中国も、一応ポーズとしては北朝鮮への制裁にある程度同調する姿勢を見せているが、まったく本気ではないのだ。

そもそも、自国への脅威でなければ本気になるはずがない。北朝鮮を追い詰める理由がないのだ。そんなことをして北朝鮮が暴発しても、中国にとって何も良いことはない。それよりも、北朝鮮をアメリカとの交渉カードとして使った方が、はるかに国益に叶う。現に、私は外交に強いある大物政治家から内密に聞いたのだが、中国は対米貿易不均衡の是正というカードを使い、南シナ海問題に関してアメリカは口出ししないという約束をすでに取り付けたという。

そしてわが国にとって大問題なのは、この記事の後半部分だ。アメリカが、米本土には届かない核ミサイルは認めるというシナリオである。トランプ大統領は、すでに繰り返し述べてきたようにつまるところアメリカファーストしかない。だから、日本経済新聞が「最も避けたい」と書いたこの展開は、大いにあり得るのである。物語を続けよう。

二〇一九年の幕が開けた。元号で言うと平成三一年。五月には新元号に改元となる。日本国民は終わろうとする平成時代への追憶と、新たな天皇と元号の時代への希望とで新年を迎えた。しかし松の内が明けると、その正月気分を吹き飛ばすニュースが飛び込んできた。元号が変わる時には、大変なコトが起こる――そのジンクスは、今回の改元時にも生きていたのだ。世界中を驚かせたそのニュースとは、トランプ大統領の新しいツイートであった。「彼（＝金正恩委員長）と友人になれる日は近いよ！」。これは米朝が和解するということか!?　だとしたら、一体どういう条件で？

一週間後、トランプ大統領は今度はツイートではなく、トランプ大統領に好意的な数少ないメディアであるFOXテレビで重大発表を行なった。五月に中国を訪問し、そこで習近平主席・金正恩委員長と三者で会談するというのだ。

この電撃的な発表は、一九七一年七月一五日に発表された第一次ニクソン・ショック（ニクソン訪中宣言）を彷彿とさせるものだった。あの時も、そして今回も、日本政府にとってはまったく〝寝耳に水〟の話であった。

日本では元号が改まった二〇一九年五月、本当に三者の会談は実現した。中国が間に入って、米朝の歴史的和解は実現した。その条件の主要点は、下記の三つであった。

・米中は北朝鮮の政権と核保有国であることを認める。
・北朝鮮はＩＣＢＭの開発は行なわず、米中による軍事施設への査察を受け入れる。
・二〇二〇年から二〇二六年にかけて在日米軍と在韓米軍は完全撤退する。

これは、米中朝三国にとっては、ウィン・ウィン・ウィンの解決法と言えた。アメリカは北朝鮮のＩＣＢＭの脅威から逃れることができ、軍事施設の査察によりそれを確かなものにできる。さらに言えば、在日・在韓の米軍駐留経費をゼロにした上で、「自衛に必要だろ」ということでアメリカ製の高額な軍事装備を売りつけることもできる。北朝鮮は、体制の保証を取り付け、核保有国として東アジアで日韓を威圧することができる。中国は、在日米軍・在韓米軍撤退で東アジアをわが物にできる。

トランプ大統領はこうツイートした。「これは歴史的で偉大な和解だ！」。朝鮮中央通信は「わが軍は米国をして、ついに世界最強の軍事強国と認知させた」と報じた。中国の習近平主席は会見でこう語った。「中国は米国とともに太平洋を二分する大国としての責任を果たした」。

しかし、三国にとっては大団円のこの決着は、日本にとってはトンデモナイものであった。日本は、アメリカの東アジア戦略にとって意味のない存在となってしまったのだ。これをよりわかりやすく言えば、日本は事実上、アメリカから見捨てられたのだ。日本は「何でもアリ」の独裁国家、北朝鮮・中国に対し、自ら対峙して行かなければならなくなったのである。

一見、驚きの展開だが、先に述べたように「第一次ニクソン・ショック」（ニクソン訪中宣言）の時も日本にとっては寝耳に水であった。若い読者のために少し解説しておくと、一九七一年当時、日本もアメリカも現在普通「台湾」と呼ばれる「中華民国」と国交があり、関係が深かった。そして、日米ともに今の大陸の「中国」＝「中華人民共和国」は国家として承認していなかった。これは、元はと言えば戦後の冷戦構造がもたらしたものである。第二次世界大戦後、アメリカを中心とする西側自由主義陣営とソ連を中心とする東側共産主義陣営は長く対立を続けた。中華人民共和国は当然、東側に属していたから、西側の盟主・アメリカもその下にいる日本も承認しなかったのである。

しかし、イデオロギーが同じでも争いは起こる。一九六〇年代から中ソは対立するようになり、一九六九年には中ソ国境付近で国境線をめぐる武力紛争まで発生する。一方、アメリカも一九六〇年代、元々は対中封じ込め政策でもあったベトナム戦争が泥沼化し、対中政策の転換を検討するようになる。そして、その帰結がニクソン訪中宣言であったのである。日本は戦前「台湾」を統治していたこともあり、台湾との関係は深かった。それだけに、寝耳に水の米中の握手に愕然としたのである。

今回も、これと同じことが起こっても決して不思議ではない。外交は激動する国際情勢の中で自国の国益のためにやるものであり、他国の国益のためにやるものではない。大英帝国が絶頂時代の一九世紀、英国の宰相を務めたパーマストン卿ヘンリー・ジョン・テンプルは、次のように言っている。「国家には永遠の友も同盟国もない。あるのは、永遠の国益だけだ」。アメリカの国益・中国の国益・北朝鮮の国益――この三つを満たす解が外交的解となるのである。

残念だが、この解を導き出す輪に日本が加わることはできない。日本は蚊帳の外で祈ることしかできないのだ。

さて、こうして韓国からも日本からも在日米軍の撤退が決まったらどうなるのか？　韓国も、そして日本も力の空白区となるのである。韓国は今の文在寅（ムン・ジェイン）政権が完全に北朝鮮寄りで、朝鮮半島情勢に詳しい日本経済新聞社編集委員の鈴置高史氏によれば、「南北共同の核に心踊らせている」とのことなので、彼らからすればむしろ歓迎すべき事態になったと言えるのかもしれない。それが顕著に表れたのが、二〇一八年一月九日に行なわれた南北閣僚級会談であった。この会談で北朝鮮は平昌冬季五輪の成功に全面協力する考えを表明して融和ムードを演出。その一方で、核ミサイル問題に関して北朝鮮首席代表の李善権・祖国平和統一委員長は「我々の原爆や水爆、大陸間弾道ミサイル（ＩＣＢＭ）は米国を狙ったもので、同族を狙ったものではない」と明言し、「共同報道文」には平昌冬季五輪に関する項目以外に次の二項目が合意に盛り込まれた。「南北の軍事的緊張を解消するため、軍事当局間の会談を開催」「南北間の問題は同じ民族同士で対話と交渉を通じて解決」——こういう会談であったから、新聞の見出しには「北ペース　融和攻勢」「『平昌』利用　日米韓分断狙う」（読売新聞）、「南北会談　北朝鮮ペース」（日本経済新聞）、「北、韓国取り込み狙う」（産経新聞）などの見出しが躍った。この延長線上には、確かに「南北共同の核」が見える。

韓国はそれで良いかもしれない。問題は日本である。基本的に力の空白区には無秩序が現出する。日本の歴史で言えば、江戸時代の前の戦国時代である。なんでもし放題で、力のあるものが勝つ。そうなるとどうなるのか？　すでに頻繁に生起している北朝鮮による密漁問題から見て行こう。

北朝鮮による密漁

北の違法操業　横行

山形県漁協所属のイカ釣り漁船は一〇月下旬、北海道沖から大和堆に南下した際、三〇〇～四〇〇隻の北朝鮮籍とみられる船を発見した。接触事故を防ぐため、大和堆に近づくことができなかったという。漁師や家族からは「いつ事故が起きてもおかしくない。あっちは武器を

持っているかもしれず、不安は尽きない」との声が上がる。（中略）

二七日に石川県珠洲市沖で見つかった木造船には、パスケースとみられる遺留品があった。関西大の李英和《リヨンファ》教授は、これにハングルで「264軍部隊　軍船」と記されているとし、「北朝鮮の漁民は軍の船で出漁しているのではないか」と指摘する。

（読売新聞二〇一七年一一月二八日付）

これは、今すでに起きている現実である。日本にアメリカの後ろ盾がなくなれば、中国もそして北朝鮮も無力な日本に対してのやりたい放題は、一層エスカレートすることは間違いない。

二〇一九年七月、日本の排他的経済水域（EEZ）内の好漁場・大和堆は、北朝鮮の密漁船で埋め尽くされていた。その数、八〇〇隻を超えた。恐ろしくて日本の漁船は近づくことができない。

三ヵ国合意がなされてから、北朝鮮の密漁は一段と激化した。海上保安庁も取り締まってはいるのだが、いかんせんできることは限られている。まずは船外スピーカーや船体の電光掲示板による退去勧告。次いで長距離音響発生装置（LRAD）による大音響警告。それでも退去警告に従わない場合は放水銃による放水。こんなところだ。事実上、それ以上のことを行なうのは不可能であり、北朝鮮側はその辺を見透かして不敵な行動はエスカレートするばかりだった。

これはフィクションであるが、現状で海上保安庁ができること、やっていることは、今ここで述べた通りである。二〇一七年九月一八日付東京新聞は、「政府対応『泥棒に水掛けるだけ』」と見出しに掲げ、石川県漁協の漁民の悲痛な声を伝えている。政府対応は「泥棒に水掛けるだけ」と訴えるのは、石川県漁協小木支所の運営委員長・山下久弥さんだ。山下さんは石川県知事とともに一〇回も東京を訪ね、菅義偉官房長官らに密漁船に対し拿捕《だほ》や臨検をしてもらいたいと訴えたが、返ってきた答えは「政府としてできる限りの対応を取る」であった。山下さんは「捕まるかもしれないとなれば、木造船も入ってこなくなると思うのに……」と肩を落とすが、捕まえることすらしない。「泥棒に水掛けるだけ」というのが、フィクションではない現実なのである。

読者の中には、「海上保安庁が無理なら、自衛隊が何とかできないのか」と思われた方もいるかもしれないが、残念ながらこれは自衛隊に対する勘違いだ。まず、これくらいの事態で自衛隊が出て行くわけにはいかない。相手は膨大な数とはいえ、漁船だ。これほど大規模な密漁は大問題だが、法的には漁業法とEEZ漁業法の対象にしかならない。「外国人は、排他的経済水域においては、農林水産省令で定めるところにより、漁業又は水産動植物の採捕に係る船舶ごとに、農林水産大臣の許可を受けなければ、漁業又は水産動植物の採捕を行ってはならない」（EEZ漁業法第五条）。だから、これら北朝鮮漁船の容疑は「無許可操業」に過ぎないから、到底自衛隊が出て行く話ではないのだ。

ちなみに、世界を見渡しても、ここまで何もできない国は珍しい。ロシアやフランスなどでは国境警備を海軍と海上警察機関の両方が担当するという形式をとっているし、お隣韓国では日本の海上保安庁のような海洋警察庁が担当しているが、日本と同じように違法操業に頭を悩ませた結果、二〇一六年一〇月に警備艇の武器使用規制を緩和。その翌月には違法操業を行なう中国漁船に対し発砲した。安全保障に詳しい韓国のシンクタンクの研究員リ・キボム氏は、「武器使用で中国漁船が恐怖を感じ、違法操業が減ったのは事実。効果があったと世論や政府も判断している」と述べている。

こういった国々に対し、日本では仮に海上保安庁が対処できず自衛隊が出動する事態が生起した場合でも——たとえば北朝鮮関係では一九九九年三月、偽船名を用いた北朝鮮の不審船（工作船）に対して、「海上保安庁の能力を超えている」として初めて自衛隊に「海上警備命令」が発令された——自衛隊ができることは実は海上保安庁と変わらないとさえ言ってよい。というのも、自衛隊の出動となる場合の法的根拠は、「防衛出動」か「海上警備行動」になるが、防衛出動というのは大規模な軍事侵攻を受けたというような、まさに戦争という事態に適用されるものであり、国会の承認を得た上で内閣総理大臣が命令を下すまさに究極の局面であって、今まで発令されたことはない。

そうでない場合は、海上警備行動となる。海上警備行動が発令されることもめったにないが、海上警備行動時の自衛隊の権限は「警察官職務執行法」「海上保安庁法」が準用される。つまり、警察や海上保安庁と同じなのだ。軍隊ではないから、軍事的に制圧するなんてことはできはしない。にも関わらず、もし自衛艦が出て行けば「軍艦が出てきた」という口実を与えかねず、そうなれば北朝鮮側が軍事攻撃にまでエスカレートしてくる可能性すらある。

ともかく、現状では海上保安庁が「水を掛ける」など精一杯の努力を続けるほかなく、やりたい放題の密漁に対し事実上日本側はなす術がないのである。

ミサイルと密漁船が日本の排他的経済水域を脅かす

日本の漁船は、操業できる漁場を求めて、やむなく漁場を北海道沖の武蔵堆に移した。しかし秋になると、ここにも北朝鮮漁船が大挙して現れた。武蔵堆にいられなくなった日本漁船は二〇一九年一一月、再度大和堆に戻った。すると不思議なことに、あれほど大挙して漁場を占拠していた北朝鮮漁船が、跡形もなくその姿が消えているのだ。漁師たちは歓喜の声を上げた。と同時に一瞬、「まさか、ミサイルが飛んでくることはないよな」という不安が頭をかすめたのであったが……。

ここまで読まれて、読者の中には「今まで日本の排他的経済水域（EEZ）内にミサイルが撃ち込まれた時、日本の漁船はどうしていたのだろう？」といぶかしく思われた方もいるかもしれない。その答えは、「ただ、脅えていた」である。石川県金沢市に本社を置く地方紙・北國新聞は、二〇一七年七月二九日付夕刊で北のミサイルに操業を脅かされる漁民の声を伝えている。七月二八日深夜、北朝鮮が撃ち込んできた北海道沖では、石川県漁協の中型イカ釣り船一四隻が操業していた（前述の通り、大挙して現れた密漁船の圧力の前に、能登

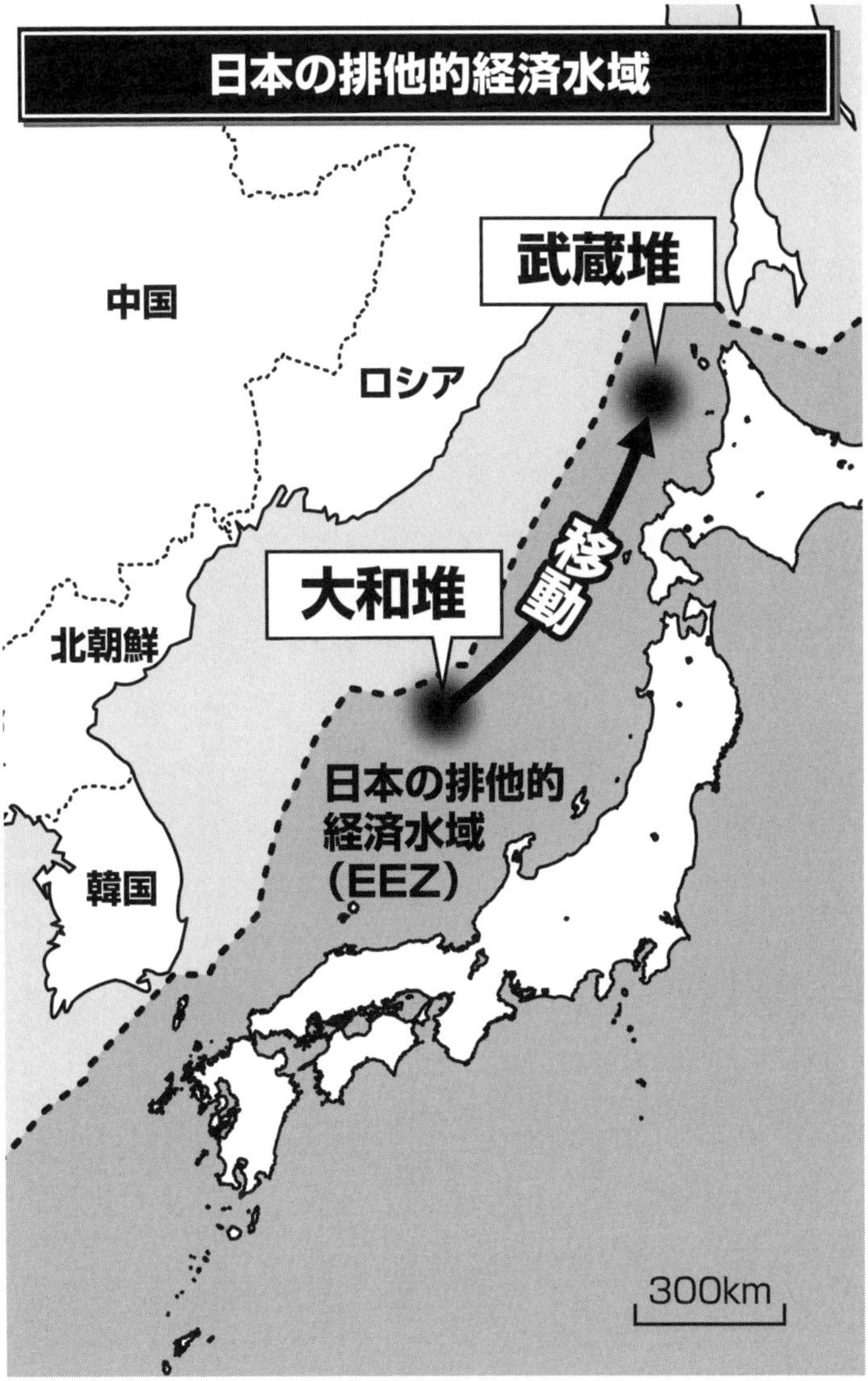
日本の排他的経済水域
武蔵堆
中国
ロシア
移動
大和堆
北朝鮮
日本の排他的
経済水域
(EEZ)
韓国
300km

半島沖の大和堆から北海道沖の武蔵堆へと移動を強いられたのである）。県漁協小木支所の山下久弥運営委員長は、船団が操業する海域の近くにミサイルが着水したとし、「わざと近くにミサイルを落下させているのではないか」と憤るが、いつどこに撃ち込むかを決めるのは北朝鮮の将軍様だから、日本漁船はただ脅えながら操業するほかない。

つまり、すでに現在、日本の排他的経済水域（ＥＥＺ）内で操業する日本漁船は密漁船に脅かされているだけではなく、ミサイルの危機にもさらされている。どんなにかわいい女の子でも、後ろに恐ろしいヤクザがいたら誰も手出しはしない。同じように、どんなに良い漁場でも、ミサイルで脅しを掛けられれば手出しはできない。ミサイルには、そのような効果もあるのである。

二〇一九年一一月、石川県漁協のイカ釣り船・北國丸は、久々の大漁に湧き立っていた。こんなに気持ち良く漁ができたのは久しぶりだ。海の男たちは、満面に豪快な笑顔を浮かべていた。「さあ、これで帰ってうまい酒が飲めるぞ」――その時である。「あっ！」赤く光る玉のようなものがすごい速さで落ちてくるのが見えた。光の玉はすさまじい音を立てて海中に突っ込んだ。ものすごい波が北國丸を襲った。船は猛烈な台風の直撃を受けたかのように右に左に大きく揺れた。「錨を下ろせ！」「台風じゃない。揺れは静まる！」男たちの叫び声が甲板に響き渡った。

政府は、北朝鮮東部から弾道ミサイルが発射され、日本海の日本の排他的経済水域（ＥＥＺ）内に落下したと発表した。首相は「わが国の安全に対する脅威であり、断じて容認できない。厳重に抗議を行ない、強く非難した」と述べ、米韓両国などとも連携の上、東アジアの平和のため北朝鮮への圧力を強める方針を示した。その上で「国民の安全確保を第一に万全を期したい」と表明。不測の事態に備え、万全の態勢を取ることなどを関係省庁に指示した。

ここまでは、かつてとほぼ同じであったが、ここから先は、以前と明らかに違った。大きく違った点は、アメリカの反応である。

以前は北朝鮮がミサイルを発射すると、トランプ大統領は激しくツイッターで反応した。しかし、今回は何の反応も示さなかった。なぜなら、今回北朝鮮が発射したミサイルは、二〇一七年の七月四日・同月二八日、一一月二九日に発射して日本のEEZ内に落下させた大陸間弾道ミサイル（ICBM）などではなく、射程五〇〇キロの短距離弾道ミサイル「スカッドC」か射程一〇〇〇キロの中距離弾道ミサイル「スカッドER」と推定されたからだ。ICBMなら米本土にまで達する。しかし、射程五〇〇キロや一〇〇〇キロのミサイルであれば、アメリカには何の影響もおよぼさない。だから、トランプ大統領は何の反応も示さなかったのだ。

首相はトランプ大統領と電話会談を行なったが、トランプ大統領の反応はきっぱりしていた。「北朝鮮のミサイルでEEZ内の日本の漁船が転覆させられそうになった？　それは遺憾だ。しかし、それを守るのは日本政府の仕事だ。言うまでもないが、アメリカ政府は何もできない。無関係だ。もちろん、日本はアメリカの大切な友人であり同盟国だ。アメリカにはミサイル防衛のための優れた軍事装備がある。それを売ってあげよう」。

確かに、日本のEEZ内での日本漁船の操業を守るのは、日本政府の仕事であって、アメリカ政府の仕事ではない。日米安保条約はまだ一応生きてはいたが、日本のEEZ内へのミサイル落下は日米安保条約が適用される「日本国の施政の下にある領域（＝領土・領海）」には該当しないから米軍は何もできない。いや、そもそもアメリカには北朝鮮に圧力をかける気などなかった。アメリカへの脅威は除去したのだから、そんなことをする必要は、今はない。政府は、日本流の対応策を講じるしかなかった。

政府は決断した。水産庁は、全国の漁業協同組合に対し、日本の排他的経済水域（EEZ）、とりわけ大和堆・武蔵堆での漁業の自粛を要請した。人命には代えられない。「何もできない国」が「国民の安全確保を第一に万全を期す」ためには、それしかなかったのだ。自粛による収入減は、近年の実績に応じその分の漁業補償はするとした。これにより、漁業者たちの収入は保証された。ただその見返りに、日本の排他的経済水域（EEZ）

は、事実上「排日的経済水域」となった。

このトランプ大統領の発言（フィクションではあるが）、いかがだったであろうか？　私は国家の指導者として当たり前のことを言っていると思うのである。自国EEZ内での自国漁船の操業を守るのは、その国の政府の仕事である。そして、ミサイル防衛のための軍事装備を売ることはアメリカの国益に叶う。トランプ大統領がこう言ったとしても、当たり前であろう。

そして、日本側の対応は――金《カネ》で解決する。戦後日本では結局最後はこの解決法に至るのが常である。だから、本当にこんな解決法を採ることも大いにあり得ると言わねばならない。私は、こんな解決法しか採れないのでは国際社会に恥をさらし、ヤクザのような国家をつけ上がらせるだけだと思うのだが……。

物語を続けよう。

一二月に入り、大和堆は再び北朝鮮の密漁船で占拠されるようになった。

一二月八日、この年一番の寒波に見舞われ、北の海は吹雪に見舞われた。この日の荒れた海では、海上保安庁の高性能巡視船でさえかなり揺れた。ましてや密漁船の大半は木造船、言っては悪いがボロ船である。乗っていて生きた心地がしないのではと思われた。しかし、それでも密漁船は集結し懸命に漁を行なっていた。

「まったく、こんな天気の時にまで押しかけてくるのかよ。どこまで図太いのか、根性があるのか……」——海上保安庁の巡視船では、怒りを通り越して嘆息が聞こえた。

一面コラム（春秋）

冬になると日本海の上空は、一面低い雲に覆われる。季節風に揺られ、乗組員らはどんなに心細かったろう。今年も北朝鮮からの木造船の漂流や漂着が続く。日本の港でなら五〇年前でさえ見なかった古びた型。文字通り「板子《いたご》一枚下は地獄」の操業だったのではないか。

経済制裁の中、漁獲に活路を見いだそうとの国策のようだ。とりわけ、食糧が不足しがちな冬季の漁が奨励されているという。ただ、外貨稼ぎの目的で、沿岸部の漁業権は中国に売り渡してしまった。漁民らは無理にも沖合へ船を出さねばならない。これが漂流の一因らしい。無謀な核・ミサイル開発の犠牲者といえよう。(後略)
(日本経済新聞二〇一七年一二月一日付)

昨今、北朝鮮の密漁船や漂流して漂着した木造船、その中で発見された遺体といったニュースが実に多いが、その背景にはこんなことがあったのである。
さて、このフィクションもいよいよクライマックスに近づいてきた。この根性ある密漁船に話を戻そう。

巡視船は、手順通り密漁船に対応した。まずは、スピーカーや電光掲示板による退去勧告(ただ、この日の天気では音声は聞こえず、電光掲示板も見えなかったであろうが）。次いで、大音響の警告。しかし、集結した密漁船は一向に退去する気配はない。「放水！」──巡視船が次の手段である放水を開始して一分も経たなかった。「あっ、転覆するぞ！」一隻の木造船があっという間に横倒しになった。それは巡視船の放水によるものというより、荒波のため自ら転んだという感じであった。放水から逃れようとしてバランスを崩した影響はあったかもしれないが……。巡視船はさっそく救助に向かった。しかし、仲間の密漁船と思しき船に阻まれて近づくことはできなかった。仲間と思われる船は救助しようとしているようだったが、荒天に阻まれて救助作業が進んでいるようには見えなかった。

結局、この転覆事故では北朝鮮の漁民一五人が亡くなった。事故から二日後の一二月一〇日、北朝鮮国営の朝鮮中央通信は、この〝事件〟を大きく伝えた。今までも密漁に出て亡くなった漁民は数多くいたが、そんなことが報じられたことは一度もなかった。今回報じられたのは極めて異例だったが、しかしその報じられ方に多くの日本人は目をむいた。

「悪辣非道な日本の海上警察は、何の罪もないわが国漁民を攻撃し、一五人も虐殺した。世界最強のわが国軍は、これに対し断固として報復する」。海上保安庁と政府はさっそく記者会見を開いた。まず、当日の状況を詳細に説明。そして、漁民は不法操業であったこと、転覆を招くような放水は行なうことはなく、転覆は放水によるものというより当日の荒天によるものであること、海上保安庁の巡視船は救助に向かおうとしたが阻まれたことなどを、図表も用いて詳しく説明した。

しかし、この日本政府の発表を北朝鮮はまったく受け入れず、むしろ朝鮮中央通信の主張は過激度を増した。「日本はありとあらゆる虚偽を用いて、残虐で極悪非道な虐殺の罪を逃れようとしている。わが国軍はその罪の重さを思い知らせるため、日本を極刑に処する権利を有する。しかし、偉大なる最高指導者金正恩委員長は、慈悲深い処置を下すであろう」。

日本中が騒然となった。北朝鮮が本当に何かやってくるぞ。核ミサイルか？　いや、わざわざ「慈悲深い」と言っているということは、核は使わないのではないか？　何をしてくるかわからないという恐怖の中、情報は錯綜し、日本政府の対応は混乱を極めた。何より、頼みの綱のアメリカがすっかり冷ややかな態度に変わってしまったことには、首相官邸も愕然とした。もちろん、まだ日米安保も在日米軍基地もあることはあり、アメリカも情報収集はきちんと行なっていた。いや、三ヵ国合意が成ったことにより、従来より正確な情報を得られるようになったことは間違いなかった。

それが証拠に、焦りを募らせる日本側の問い合わせに対して、アメリカ側はやけに落ち着いていてクールであった。情報はくれるのだが、協力的という感じではない。ただ、横田・横須賀・厚木の各米軍基地ではかなりの動きがあり、その事実自体が東京が狙われる可能性が高いということを意味していた。

首相官邸や防衛省・自衛隊・外務省といった関係機関が緊迫した日々を送る中、それでも多くの日本人はクリスマスの季節を楽しんでいた。街はイルミネーションで飾られ、クリスマス・ソングが流れる中、人々はショッピングを楽しんでいた。
一二月二四日、この年のクリスマス・イブはホワイト・クリスマスとなった。午後になって東京都心にも雪が降り始めた。そしてその夜、東京には北朝鮮からクリスマス・プレゼントが贈られてきたのだ。

「電磁パルス攻撃」ですべてが停止する

この章の冒頭でも触れたが、読者の皆様は「電磁パルス攻撃」別名「EMP攻撃」というものがどういうものか、ご存じだろうか。直接人の命を奪うことはないが、文明そのものを完全に破壊する、恐るべき攻撃兵器だ。次の記事はそれを解説する週刊「AERA」の特集記事である。

ご存じの方も多いであろうが、「AERA」は左派系の代表紙と言われる朝日新聞出版が発行する週刊誌であり、正式には「朝日新聞ウィークリー AERA」という。その「AERA」でも警告を発せざるを得ない攻撃兵器を、北朝鮮はすでに持っているというのだ。

北朝鮮のパルス攻撃でライフラインが壊滅する
インフラが停止　復旧には数年にも

北朝鮮が核実験や弾道ミサイルで挑発を続けるなか、九月三日の核実験を契機に「電磁パルス攻撃」にも言及し始めた。

ヒトも建物も壊さず、見た目には何の変化ももたらさない。電子機器のない時代であれば、兵器としては無用の長物だったはずの電磁パルス（Electromagnetic Pulse：ＥＭＰ）が、「貧者の兵器」として注目されている。

核実験を繰り返す北朝鮮が、九月三日の水爆実験について「巨大な殺傷・破壊力を発揮するだけでなく、戦略的目的に応じて高空で爆発させ、超強力ＥＭＰ攻撃まで加えることのできる多機能化された熱核弾頭だ」と言及したことで、にわかに脅威が高まった。

事実上石器時代に戻る

ＥＭＰとは、核爆発によって放出されるガンマ線が強力な磁場を発生し、その磁場によって地上に生成する大電力の電波のこと。三〇〜四〇〇キロという高高度で核爆発を起こすと、地上での拡散など攻撃力が最も甚大になる。イメージとして宇宙から押し寄せる目に見えない津波のようなものだ。朝鮮中央通信による北朝鮮の「公式発表」を受けた韓国公共放送ＫＢＳは「自動車などの交通手段や金融機関、病院、通信施設など、すべての基幹施設が停止したり、誤作動を起こしたりして、事実上石器時代に戻る」と専門家の声を紹介した。

しかし、日本には二年以上前からこの攻撃の危険性を指摘していたアナリストがいた。元陸上自衛隊化学学校長の鬼塚隆志氏（六八）である。（中略）

鬼塚氏によれば、高高度電磁パルス（ＨＥＭＰ）は瞬時に半径数百〜数千キロ以内に存在する電気系統を破壊する。現在の電子機器はＥ

ＭＰ攻撃を考慮せずに微弱電流・電圧で作動する超集積回路を多用しているることから、極めて脆弱だ。しかも、大量破壊に備えていない現行の態勢では、復旧が数年に及ぶことも考えられ、疾病の蔓延や飢餓が発生して結果的に多数の死者を出す危険性があるという。

（ＡＥＲＡ二〇一七年一二月一一日付）

「電磁パルス攻撃」「ＥＭＰ攻撃」をご理解いただけたであろうか。さあ、物語はいよいよクライマックスである。二〇一九年のクリスマス・イブにタイム・トラベルだ。

今日はクリスマス・イブ。「そろそろ、上がる時刻だ」——山崎誠はパソコンの電源を落とし、席を立った。時刻は七時を回ったところで、他の社員も今日はもう上がっている。誠は、千代田区にある中堅商社の総務課長だった。結婚はしているが子供はいない。妻とは共働きでいわゆるDouble

Income No Kids（二重の収入、子供なし）、DINKSだ。結構、リッチな生活を謳歌している。家はオール電化のタワーマンションの三六階だ。

今日は、七時半に二つ隣の駅近くのイタリアン・レストランで妻の陽子と待ち合わせ。レストランで食事をした後は家に帰って、ワインを飲みながらゆっくり動画配信サービスの映画を大画面テレビで見る予定だ。誠はこの先のお楽しみのことを思い出し、ちょっと浮き立つ気持ちでエレベーターに向かった。オフィスはビルの一一階と一二階を借りている。総務課は一二階だ。

エレベーターに乗り、一階を押す。エレベーターが降りて行く。と、その時だった。エレベーターが停まった。照明が消えた。停電だ。閉じ込められるのか――誠の不安が少しずつ募っていった数十秒後、エレベーターが動き出した。このエレベーターには停電時自動着床装置が装備されていたのだ。少し動いて四階まで降りたエレベーターはそこで停まりドアが開いた。誠は外に出たが、四階のフロアは真っ暗であった。手探りで階段を探す。こっちの方だったよな――あった、階段だ。慎重に、踏み外さないように、降りて行く。三階、二階、そして一階。着いた。外に出る。イルミネーションに飾られた街路樹が並んでいるはずの通りは、漆黒の闇であった。

イルミネーションはもちろん、ビルの明かりも、信号さえも点いていない。そしてよく目を凝らすと、通りのすべての車は停まっていた。漆黒の闇の中を雪が降りしきっている。しかし、「深々と」ではない。異様な喧騒の中で雪が降りしきっているのだった。「真っ暗だよ。真っ暗！」「スマホ使えないぞ！」「何なんだ!?」。

これは単なる停電じゃない――誠は、とにかく駅に向かった。地下鉄は動いてるんだろうか？　無理な気がするが……。駅までは普通に歩けば五分くらいだが、何しろ真っ暗だし、そんな中人がうごめいているし、誠も手をかき分けるようにして何とか向かって行った。車は停まっているから、歩道も車道も関係なく歩けたが、駅の入り口の階段手前でもう進めなくなった。先に見えるはずの駅も真っ暗だ。前へは進めないが、後ろからはまだ人が押し寄せてくる。「地下鉄は止まっています！　地下鉄は止まっています！」。駅の方から駅員だろうか、誰かの叫ぶ声が聞こえた。これはダメだ。誠は、とりあえず一旦会社に戻ろうと思った。しかし、駅に向かう人々は次から次へとやってきて、戻ろうとする誠の行き手を阻んだ。誠は、「地下鉄は止まってますよ。地下鉄は止まってますよ」と叫びながら、人をかき分け会社に戻った。真っ暗闇の中、一二階までの階段はとてつもなく長かった。オフィスにたどり着いた時には八時半を回っていた。一時間半か――たった一時間半、駅まで往復しただけで、疲れ果てていた。

試しにオフィスの固定電話を取り上げてみる。うんともすんとも言わない。やはり、完全な停電だ。陽子はどうしているだろうか。うちも停電しているのだろうか……。デスクにうつぶせになる。しばらくすると、寒さが身に染みてきた。そうか、暖房が切れてるんだ。何か温かいものが飲みたい。誠は手探りで給湯室に向かった。蛇口をひねる――しかし、お湯はもちろん水すら出てこなかった。ポンプもいかれていたのだ。誠は、また手探りで席に戻るほかなかった。

一二月二五日、クリスマスの朝を迎えた。太陽は照り始めた。しかし、誠の体は凍え切っていた。お湯でいい。お湯が飲みたい――誠は、心底そう思った。誠だけではない。難民と化した何百万人の都会人がこの時お湯を切望していた。すべてのシステムがダウンした時、都会では一杯のお湯すら手にすることは困難であった。

二〇一九年クリスマス、北朝鮮からの贈り物によって、東京は石器時代にタイムスリップした。

物語はこれで終わりだが、想像してみて欲しい。エレベーターの止まったタワーマンションの三六階まで歩いて登って行くことを。いやそもそも、コンピューター制御のタワーマンションの入り口を開けて出入りできるかどうか。誰かが入り口のガラスを叩き割るしかないのではなかろうか。着いたわが家には、電気も水もない。情報も一切入らない。情報を発信することもできない。しかも季節は冬。暖房器具は一切使えない。さらに、これが復旧するまでにかかる時間――あの東日本大震災の時でも数日から数週間で復旧したが、「電磁パルス攻撃」の場合は数年とも言われている。

イメージできたであろうか。そして、こういう事態が現実のものとなっても決しておかしくはない状況が、今すでにあるのである。

＊　＊　＊

もし、このような日本への核攻撃がなかったとしても、二〇一九年頃には北朝鮮問題に関わる何か重大な事件が起こるだろう。それが戦争なのか、北の体制崩壊なのか、あるいは突然の米朝和解なのかは現時点ではわからないが、いずれにせよ極東アジアの安全保障に大きな衝撃を与えることは間違いない。

第二章　二〇二〇年——世界大恐慌

世界中で債務が増え続けている

「韓国の家計債務によって、大きな危機が到来するだろう」――二〇一七年八月一一日、米著名投資家のジム・ロジャーズ氏は韓国の公共放送（ＫＢＳ）でこう言ってのけた。世界経済の将来を悲観視するロジャーズ氏は韓国経済に対するリップサービスなど口にせず、「（資産価格が）すでに高くなっているため、投資先として韓国に関心を持っていない」と喝破している。

二〇一六年年末時点の韓国の家計債務は対ＧＤＰ比九五・八％なのだが、これはアジア諸国でもっとも高い。アジアでは韓国に次いでマレーシア（八八・五％）、そして台湾（八〇・四％）と続いている。ちなみに、二〇〇七年末に現在の韓国と同水準まで家計債務が高まった米国（対ＧＤＰ比九九・七％）やスペイン（同八六・六％）、アイルランド（同一〇〇・七％）は、例外なく危機に瀕した。

韓国のほかにも、先進国ではカナダ、オーストラリア、ニュージーランド、スイス、ノルウェー、スウェーデン、フィンランド、ルクセンブルク、新興国では中国、インドネシア、マレーシア、タイ、メキシコ、南アフリカ、ブラジルなどで家計債務が増加し続け、このすべての国で不動産ブームが巻き起こっている。

先日、「シドニー（の住宅価格）はロンドンやニューヨークを抜き、（香港に次いで）世界で二番目に高価な住宅市場となった」（米ブルームバーグ二〇一七年一〇月五日付）というニュースを聞いたとき、正直ぞっとした。そのオーストラリアでは、若年層の持ち家比率が劇的に下がっている一方、住宅ローンの増加を背景に家計債務は過去最高を更新し続けている。二〇一六年末の同国の家計債務は、対ＧＤＰ比一二三六・一％だ。

英不動産大手サビルズによると、二〇一五年末時点の世界の不動産価格の合計は約二京四〇〇〇兆円。過去一〇年で六四〇〇兆円も増えた。前述した国々では、債務の増加を伴って不動産価格が上昇を続けている。世界中で信用創造が際限なく続いている証左であり、かなり危険な状態だ。

私は以前から指摘してきたが、現在、世界中で債務の加速度的な増加が止まらない。国際決済銀行（ＢＩＳ）によると、二〇一六年末時点の世界全体の債務は一五九兆六〇七〇億ドル（約一京八〇〇〇兆円）だ。この一〇年間で六三％も増えた。これは同期間のＧＤＰ成長率（四七％）を上回る。そのＢＩＳが二〇一七年六月に発表した年次報告書の要点はシンプルだ――「次の金融危機に備えよ」。

ちょっと信じがたい話だが、世界全体の債務はＧＤＰ比で三〇〇％を超えている。二〇〇三年～二〇一一年にかけてＥＣＢ（欧州中央銀行）の総裁を務めたジャンクロード・トリシエ氏は日本経済新聞（二〇一七年五月一九日付）への寄稿で、「新しい世界的な金融危機に陥りやすい状態にあるとの見方は、不幸だが、適切だ」と指摘したのだが、その根拠として同氏が挙げたのが債務の増加だ。

トリシエ氏は、「世界のシステミック（金融システムを揺るがす構造問題）な経済、金融のリスクを測る際に、公的部門と民間部門を統合した債務残高のＧ

世界の総債務の対GDP比

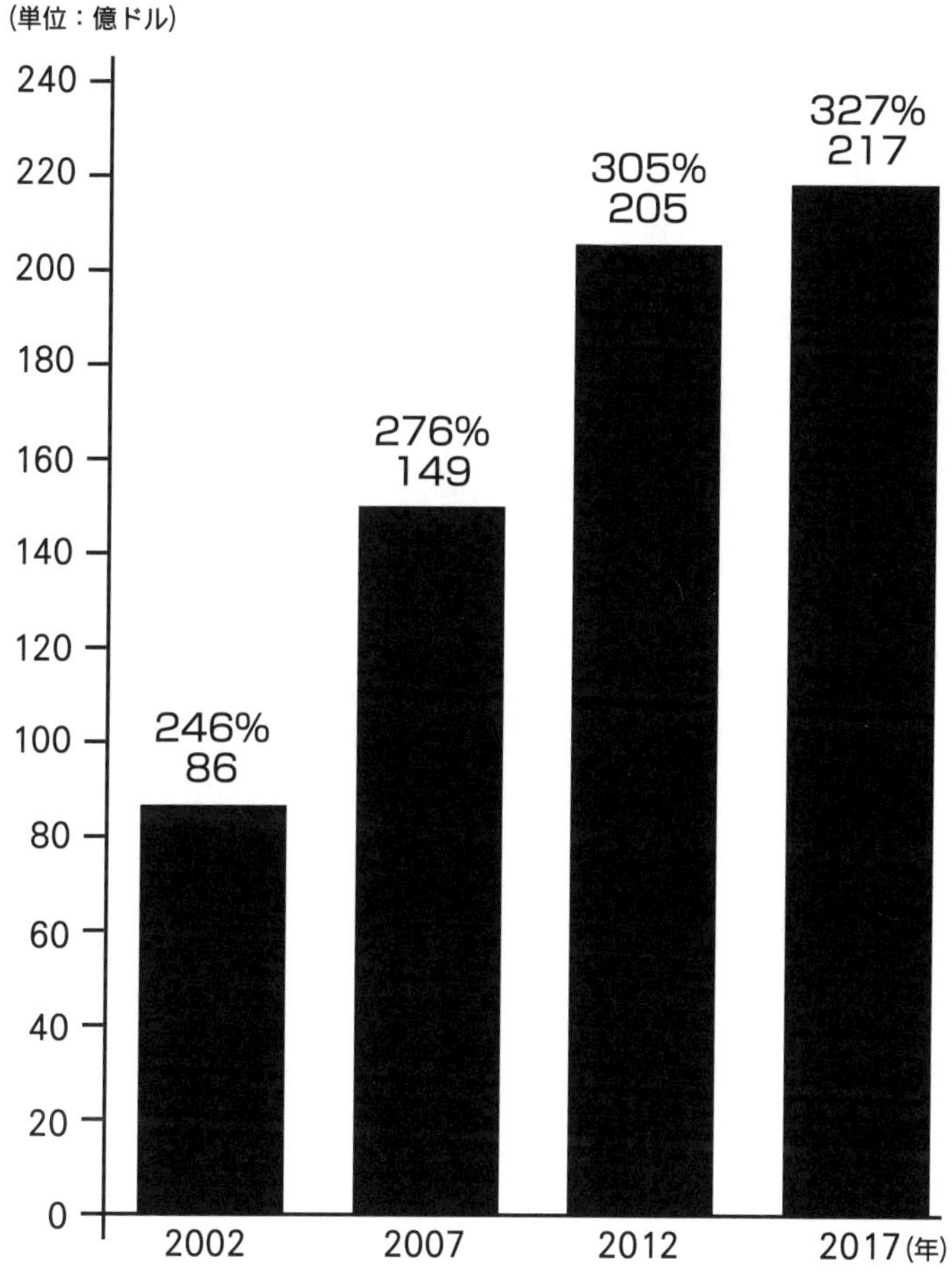

IIF、BIS、Haverのデータを基に作成

DP比率を見るのが重要だ」とし、二〇〇〇年代の初めには二五〇%だった世界の債務残高の対GDP比が二〇〇七年には二五ポイント上昇して二七五%となり、二〇一五～一六年にさらに二五ポイント上がって三〇〇%になったと警告する。

債務の加速度的な増加というトレンドは、決して持続可能ではない。それでも世界経済が破綻していないのは、低金利のおかげで利払い負担が減少しているためだ。金利が低下したおかげで、日本を筆頭に世界の金利コスト（利払い負担）の対GDP比は、二〇〇八年の一一%から二〇一六年には七%にまで減少している。中でも日本のそれは、二%と突出して低い。

こうした状況を省みて、前出のBISは主要国の多くが「債務の罠」に陥っていると指摘する。この債務の罠とは、債務が増えると利上げは難しくなるが、低金利を維持すれば債務がますます増えてしまう状態だ。何年も続いた低金利によって主要国の多くで債務が積み上がり、その債務が障害となって金利の正常化に動けない国がたくさんあるとBISは分析する。当然、その筆頭候補は日本だ。ここ日本で金利が数ポイントでも上がったら、どうなるかなど容易に想像できる。そのため、「債務負担が世界最大級の日本では、日銀が近く引き締めを行うとみる向きはほとんどない」（米ブルームバーグ二〇一七年一二月一二日付）。

いくら低金利とはいえ債務を永遠に積み上げることなどできないが、多くの国が現状をチャンスと捉え債務を増やし続けている。主要国だけではない。ジャンク級の発行体ですら昨今の低金利を債務を増やす絶好のタイミングだと感じている。二〇一七年六月にはデフォルトの常習者であるアルゼンチンが一〇〇年債を発行し、一〇月にはあのギリシャが債券市場への復帰を果たした。また、九月には中央アジアのタジキスタンが債券市場にデビューしている。タジキスタンの格付けは投資適格を六段階も下回っているが、それでもリターンを追求する投資家の旺盛な需要に支えられ五億ドルもの資金調達に成功した。私に言わせると、常軌を逸している。

かつての債券市場には〝自警団〟のような存在がいて、発行体が計画性のない起債をしたときなどは債券を売って（金利を上昇させて）警鐘を鳴らした。しかし、今では債券市場に売りが出てもすぐに押し目買いが入る。買うのは量的緩和の看板を背負った中央銀行や、低金利下でリターンに飢えた投資家だ。社債や株式、そして不動産でも同じ構図ができており、資産価格が総じて高くなっている。しかも、世界的にインフレ率が低いことから多くの市場参加者は急激に金利が上昇するとは考えていない。だからこそ、低金利と債務増加のスパイラルが延々と続いている。まさに〝低金利パーティー〟だ。

もちろん死角はある。野村ホールディングスのロバート・サブバラマン氏によると、それは「インフレを巡るサプライズ」（前出ブルームバーグ）だ。

仮に、中東で大規模な衝突が起こると想定してみて欲しい。たとえば、宿敵であるサウジアラビアとイランが激突する事態だ。サウジとイランは、原油の埋蔵量でそれぞれ世界二位と世界四位を誇る。全面的にぶつかれば、原油価格の高騰は必至だ。日本のエネルギー自給率は六％と極端に低く、原油高騰のインパクトをもろに受ける。

では、第三次オイルショックが発生してインフレ率が二桁の勢いで上昇した場合、日銀はどうするか？　本来であれば、利上げによってインフレ退治に乗り出す。しかし、利上げをしてしまうと積み上がった債務はどうなるのか？（ＢＩＳによると、二〇一六年末時点で日本には一九九二兆円の総債務が積み上がっている）。あちらこちらでデフォルトが発生し、公的セクターを含めて深刻な財政危機が起こりかねない。おそらく、日銀は財政リスクを回避するためにインフレを放置するほかないだろう。その結末は、劇的な自国通貨安（＝すさまじい円安）だ。

ＦＲＢ（米連邦準備理事会）は来年（二〇一八年）も利上げを継続する見通しであり、ＢＯＥ（英中央銀行）は今年利上げに踏み切った。ＥＣＢ（欧州中央銀行）も緩和縮小を明言している。こうしたなかで、日銀がＹＣＣ（イールドカーブ・コントロール。ターゲットを量ではなく金利に置いた金融緩和政策）を維持しようとすれば、ドル円は一

三〇円や一五〇円に上昇する可能性がある。急激な円安進行が起きた場合、(近隣窮乏策であるとして)他国からYCCに対する批判が高まろう。特に中国からは強くなりそうだ。さらに輸入物価が高騰し、主婦などからも批判が高まる。日銀はYCCを諦め、単純な量的緩和政策に回帰することになるのではないか。その際、ドルは一〇〇円まで急落する可能性があるだろう。

(英ロイター二〇一七年一二月一八日付)

デンマーク有数の投資銀行であるサクソバンクのスティーン・ヤコブセン最高投資責任者(CIO)は、二〇一八年の大胆予測の一つとしてこのようなシナリオを挙げた。しかし、ヤコブセン氏は間違っている。こうしたシナリオは基本的に考えられない。金利が上昇すると政府セクターの債務が悲鳴を上げるため、日銀にとって低金利の維持は事実上の至上命題だ。低金利政策の永続化に対し、他国から近隣窮乏化策などの批判が出るのは間違いないだろうが、そ

れでも日銀は金利を正常化することはできない。政府をサポートするために、インフレを放置するほかないのだ。

日本ほど追い込まれてはいないだろうが、世界の国々が債務の増加によって似たようなジレンマに陥っている。「積極的に来年（二〇一八年）利上げすると見込まれるフィリピンでは家計債務が低水準だというのは偶然とは言えなさそうだ」（前出ブルームバーグ）。

債務を積み上げた国には、前門にオオカミ（インフレ）がいて、後門にはトラ（財政危機）が待ち受けている。債務を積み上げた国の中央銀行を究極のジレンマに陥れさせる、突発的なインフレ懸念に関しては相当の注意が必要だ。

二〇二〇年にグレート・リセッション到来か

内閣府が発表している景気動向指数（二〇一七年一二月分は予想）によると、二〇一二年年一一月に始まった今回の景気拡大局面は二〇一七年末で六一ヵ月目に達し、東京オリンピックの翌年に始まったいざなぎ景気（一九六五年一一月～七〇年七月）を抜き去っている。アベノミクスの次の焦点は、戦後最長を記録するかどうかだ。ちなみに、戦後最長の景気拡大とは二〇〇二年一月～二〇〇八年二月のいざなみ景気（七三ヵ月間）を指す。アベノミクスを二〇一九年一月まで持続すれば、晴れて新記録樹立だ。

他方、米国経済の景気拡大局面も過去最長が視野に入っている。米国の景気拡大は二〇一七年七月から九年目に突入し、これが二〇一九年七月まで続けば一〇年一ヵ月となり、晴れて新記録の樹立だ。

現在は日本のみならず、世界中で（国民が実感するかは別として）景気が良いのにも関わらずインフレ率が上昇しないというゴルディロックス（適温経済）が続いている。前述したような突発的なインフレ・ショックが起こらなければ、日米の景気回復が最長を更新しても不思議ではない。

ゴルディロックスは一般的に資産価格にとって最適な環境と言われており、実際に世界中で資産価格の上昇が止まらない。私は、率直にこの状態をバブルだと考えている。しかも、過去最大規模のバブルだ。

ただし、日米の景気回復が過去最長に迫っているということは、裏を返すとリセッションが迫っているとも考えられる。それゆえ、ＦＲＢは次なる景気後退に備え、今のうちに金融政策を正常化しようとチャンスがあれば積極的に利上げに動く構えだ。二〇一七年末時点の米国のＦＦ金利（政策金利）は一・二五〜一・五％で、ＦＲＢはこれが長期的に三％に近づいて行くと予測している。この三％という金利水準は、過去の水準に比べると段違いに低い。もちろん、日本よりはまともだが。

リセッションは待ってくれない。景気循環の法則から、遅かれ早かれリセッションがやってくる。私が思うに、それは二〇二〇年前後だ。

各国で債務が積み上がっていることもあり、次のリセッション（景気後退）には多くの国が低金利のまま突入する。経済の教科書には、リセッションには中銀が政策金利の引き下げで対応すると書かれているが、今回は主要な中央銀行がその手段を持ち合わせていない。利下げの幅がないままリセッションに突入するということは、中銀がまた非伝統的な政策を打ち出さざるを得ないことを意味する。

その代表的な存在は日本だ。ここ日本では、ヘリコプターマネーなどの過激な政策が俎上に載ったとしても不思議ではない。元日銀理事の早川秀男氏（現在は富士通総研エグゼクティブ・フェロー）は、「好景気と低インフレの共存がいつまでも続くわけがない。（中略）このまま景気後退局面に入った場合には、ある種のヘリマネ政策に突き進む懸念がある」（英ロイター二〇一七年九月一五日付）と指摘する。そして、将来の景気後退に備え、今のうちにマクロ経済政策を刺激から中立に戻すべきだと日銀に要求した。

おそらく、現在のような世界的な低金利下で次に深刻なリセッションが起これば、それは通貨の信認が毀損されるという事態（たとえば、一ドル＝四〇〇円の世界）にまで発展するだろう。

日本経済新聞は「『ビッグ・ショート』を探す市場」と題した論説記事で、次のように論じている。

（前略）危機の歴史をたどると、ＩＴ（情報技術）バブルでは企業の債務が膨らんだ。住宅バブルでは債務問題は家計に移った。次に国債を発行して危機を救済した政府の債務が膨らみ、その国債を中央銀行が量的金融緩和のなかで吸収している。債務移転の流れを考えると、中銀が管理する各国通貨にリスクがたまっているようにもみえる。

（日本経済新聞二〇一七年八月一四日付）

過去の金融危機を振り返ると、危機の直前まで民間（家計、企業）セクターの債務が劇的な増加を示していることがほとんどだ。そして民間セクターの過剰債務が金融危機を引き起こすと、その後は決まって公的債務が爆発的に増える。政府が救済に動くためだ。すると、その数年後から体力のない国から破綻して行く。

いわゆる〝世界三大不況〟はすべて例外なくこの軌跡を辿った。一八七三年から一八九六年にかけた大不況、一九二九年から一九三八年の大恐慌、そして二〇〇七年から現在まで続くサブプライム・バブル崩壊（リーマン・ショック）の余波。すべての危機が民間セクターの過剰債務に起因しており、その後に公的債務が劇的な増加を示している。

その結果、主要先進国の公的債務は第二次世界大戦後に記録した水準を二〇一四年に上回った。こうなると従来であれば破綻する国家が相次ぐはずだが、今回は違う。金融政策が進化したのだ。それにより人工的な低金利状態が作り出され、破綻するはずの多くの国が生き長らえている。

しかし、これは単なるデフォルトの先延ばしに過ぎない。遅かれ早かれ、通貨の信認が毀損されるだろう。「われわれは究極的には不換紙幣への信頼の喪失という紙吹雪の時代に向かっている。中央銀行は不換紙幣を守ろうとして、実は信頼を失墜させている」（二〇一六年八月二日付米バロンズ誌）——米バロンズ誌がウォール街でもっとも優れたアナリストの一人だと評価するジム・グラント氏はこう断言する。

私も同意見だ。米プリンストン大学で歴史学の教授を務めるホラルド・ジェームズ氏は、ヘリコプターマネーの提唱者として名高い経済学者ミルトン・フリードマンが残した「インフレは、常に、そしてどこででも貨幣的な現象である」という言葉を、次のように言い換えている——「インフレは、常に、そしてどこででも政治的な現象である」。

本章冒頭のジム・ロジャーズ氏は次に起こる危機は、私たちの世代で経験するもっとも悲惨な危機になるという（そのために彼は、日本人に武装を勧めている。この場合、武装とは本当に銃で武装するという意味である）。そう遠くない将来、おそらく二〇二〇年頃から、私たちはとんでもない時代を経験するはずだ。それは果たしてインフレ恐慌なのか、デフレ恐慌なのか。日本の場合、「恐慌」（デフレ）経由「国家破産」（ハイパーインフレ）となる可能性が高い。

読者の皆様は、今から心しておいていただきたい。

第三章　二〇二三年

――AI、仮想通貨が世の中を支配

ＡＩ・仮想通貨に人の活動が淘汰される

北朝鮮の核ミサイル攻撃を経由し、その上で大恐慌に見舞われ、次はどんな未来が待ち構えているのか。二〇二三年頃の未来の話としてご紹介するのは、ＡＩ・仮想通貨の話である。ただ、誤解されては困るのだが、決して明るい話ではない。結論から言ってしまうと、ＡＩ・仮想通貨が人間そのものを淘汰して世の中を支配するというお話である。もちろん、すべての人の活動がＡＩや仮想通貨にとって代わられるわけではない。一握りの人たちはその恩恵をこうむり、莫大な資産と社会的に優位な地位を築くことだろう。しかし大多数の一般人は、残念ながら淘汰されてしまうだろう。

一八世紀から一九世紀に起きた産業革命によって軽工業から重工業へ、人から機械に産業はシフトした。その結果、確かに生活様式は一変させられたが、それにより人の活動が淘汰されたわけではなく、人は新たなビジネスモデルと上手く共存してきた。だからＡＩ・仮想通貨が起こす未来も、これと同じようなものだという方もいるが、それはまったく甘い考えと言わざるを得ない。ＡＩ・仮想通貨によって起きるのは、本当に大多数の人の活動が淘汰される未来である。しかも、一度始まればその流れは二度と止まることはない。スピードも加速することはあっても、減速することはないだろう。

今でもすでにＡＩや仮想通貨が登場して、既存のビジネスを脅かしつつある。しかし、今はあくまでも序章である。たとえるなら、地下水が岩から染み出して、小さな水の流れを形成しているところである。これがいずれ小川となり、そして大河になる。その大河は、いずれ大きな海になるだろう。私は、このような流れが本格的に始まるのが二〇二三年頃と予測する。

二〇二三年には失業率約五〇％⁉

オックスフォード大学のマイケル・Ａ・オズボーン准教授とカール・ベネディ

クト・フレイ博士が共著で出した論文「THE FUTURE OF EMPLOYMENT」：「雇用の未来」は世界を驚愕させた。論文では、アメリカの七〇二の職種に対して、これから一〇～二〇年の中でコンピュータがどのくらい人の仕事をとって代わるかを緻密な分析を行ない発表している。

それによると、実に四七％の職業が人からコンピュータにとって代わられるのだ。もし社会の形態が今と同じであれば、失業率約五〇％の世界となる。極めて衝撃的な論文である。この論文が発表されたのは二〇一三年九月一七日で、ちょうどそこから一〇年後が二〇二三年である。

論文が発表された当時、どこまでの性能を持つコンピュータの登場を想定していたのだろうか。果たして、優秀なＡＩの登場を想定していたのであろうか。たとえば、ＡＩの代名詞とも呼ぶことができるほど有名な「アルファ碁」を皆様ご存じだろう。世界のトップ棋士である韓国の李世ドル氏（九段）を相手に、四勝一敗で勝ち越したＡＩの名前である。この対戦があったのが二〇一六年三月のことだが、それまでは囲碁の世界でコンピュータが人間に勝つにはあと一〇年以上かかるとされていた。当時、チェスや将棋はすでに人間よりもコンピュータの方が強くなっていた。しかし囲碁は盤面が広くパターンが圧倒的に多いため、まだまだ人間に優位性があると考えられていたのだ。

コンピュータが勝利した時、日本のトップ棋士小林光一名誉棋聖（当時六三歳）は「僕が生きているうちは（コンピュータが勝つなど）無理だろうと予想していた」と感想をもらしたという。囲碁界の誰もが、しばらくの間はコンピュータが人間に勝るとは考えていなかった。この〝しばらくの間〟の溝を一気に埋めたのが「ディープラーニング」というＡＩの技術である。この技術は、今でこそＡＩの根幹をなす技術として当然のように認識されているが、囲碁の対戦が行なわれた二〇一六年当時（といっても、たったの一、二年前のこと）は、その技術の凄みについてほとんど知られていなかった。もちろん、「雇用の未来」の論文が発表された二〇一三年には、世間一般にはほとんど認知されていない技術であっただろう。論文の中で、「ルーチン化できる仕事は全てコンピュータに代わる」と言われているのだが、コンピュータの能力はＡＩによってさらに飛躍している。ディープラーニングが出てくるまでは、人間が作業のルール化を行なっていた。それが、ディープラーニングによって、コンピュータ自身が作業のルール化やパターン化を行なうことができるようになった。

これからは、ひょっとするとルーチン化できない仕事もディープラーニングを備えたＡＩが代役を務めてしまうかもしれない。だから、四七％の仕事がコンピュータにとって代わられるという衝撃的な内容の論文もまったく絵空事ではなく、むしろ少なくとも四七％の仕事がコンピュータにとって代わられると考えておいた方が良いくらいだ。しかも一〇年〜二〇年の中でという期間も、短い方の一〇年後と考えておく方が無難であろう。それほど、今のコンピュータの技術革新のスピードは速いのである。

あなたの仕事はコンピュータに淘汰されるか

「雇用の未来」が発表された二年後、野村総合研究所は、その著者であるマイケル・Ａ・オズボーン准教授、カール・ベネディクト・フレイ博士の両名と共に、日本でも同じ分析・研究を行なっている。

その結果は「日本の労働人口の約四九％がコンピュータ技術に代替される可能性が高い」と、やはり衝撃的である。研究では、アメリカと日本の数字を直接比較できるものではないと断っているが、それでも今の約五〇％の仕事がコンピュータに奪われるという点は同じである。

では、ＡＩによってどのような仕事が奪われるのだろうか。野村総合研究所がまとめた共同研究の結果レポートを覗いてみると、コンピュータによる自動化される可能性がもっとも高い職業のベスト3は、一位：電車運転士、二位：経理事務員、三位：検針員となっている。逆に、自動化される可能性がもっとも低い職業のベスト3は、一位：精神科医、二位：国際協力専門家、三位：作業療法士である。日本においては六〇一種の職業に関するデータを分析し、アメリカと同じく自動化の確率を算出している。八九ページの一覧表にはその確率を併記して、ベスト10まで掲載しているのでチェックして欲しい。

自動化確率の分布を見ると、実はアメリカも日本も同じ傾向が示されていた。それはまず、コンピュータにとって代わられる可能性が高い労働人口の割合が非常に大きいということである。そして矛盾するようだが、コンピュータにとって代わられる可能性が低い労働人口の割合も大きい。つまり、どっちつかずの真ん中があまりいないのである。だから、自分自身の仕事がコンピュータにとって代わられるかどうかを考えた時、「もしかしたら」と思われた場合は、残念ながらコンピュータに淘汰される職業である可能性が極めて高いと言える。「まず大丈夫」と自信を持って思われた場合は、コンピュータではこなすことができない職業である可能性が高い。

なお、コンピュータがこなすことが難しい職業は、創造性や協調性が必要な業務によくみられる。もし、あなたがそれらの要素があまり関係しない職業で「まず大丈夫」とお考えであれば、あなたの勘違いの可能性があるので注意されたい。「コンピュータに淘汰されるのは嫌だ」という嫌悪感だけで冷静な自己分析ができないようでは、あなたの未来は決して明るくないだろう。

自動化される可能性がもっとも高い職業

職業名	自動化が可能になる確率
電車運転士	99.8%
経理事務員	99.8%
検針員	99.7%
一般事務員	99.7%
包装作業員	99.7%
路線バス運転者	99.7%
積卸作業員	99.7%
こん包工	99.7%
レジ係	99.7%
製本作業員	99.7%

自動化される可能性がもっとも低い職業

職業名	自動化が可能になる確率
精神科医	0.1%
国際協力専門家	0.1%
作業療法士	0.1%
言語聴覚士	0.1%
産業カウンセラー	0.2%
外科医	0.2%
はり師・きゅう師	0.2%
盲・ろう・養護学校教員	0.2%
メイクアップアーティスト	0.2%
小児科医	0.2%

野村総合研究所のデータを基に作成

ケインズの予言〝人は働かなくてよくなる〟

このようなコンピュータが人の仕事にとって代わると古くから予言していた経済学者がいる。二〇世紀を代表するイギリスの経済学者、ケインズである。

ケインズは、彼の代表作である「貨幣論」を発表した一九三〇年に、「今から一〇〇年後には（人は）一日三時間労働になる」という有名な言葉を残している。一週間当たりの労働時間が一五時間というわけで、これだけでも衝撃的な予言である。しかし、真相はさらにショッキングである。「一〇〇年後には一日三時間労働になる」という言葉の方が有名であるが、実はケインズは、〝一〇〇年後、人は働かなくてよくなる〟と言っているのである。

もちろんケインズが活躍した二〇世紀前半は、本格的なコンピュータは存在しない。急速に進んだ技術革新と資本の貯蓄により一七世紀から急激な成長を遂げたイギリス経済を長期で俯瞰した上でこの予測を立てているのだ。このまま成長を続けると経済は間違いなくずっと豊かになり、人類の経済問題は解決してしまう、つまり働かなくてもよくなると考えを展開させているのである。

では、そのような世界で人は何をするのだろうか。ケインズは、経済問題への対応は遺伝子レベルで刷り込まれているので、多くの人は暇と自由に耐えられないだろうと推測している。だから、しなくてもよい仕事を少しはするだろうという意味を込めて「一日三時間労働になるだろう」と結論付けているのである。ちなみにこの予測を立てたのが、世界大恐慌（一九二九～一九三三年）の真っ只中で、その時に〝経済は間違いなくずっと良くなり、いずれ働かなくてよくなるだろう〟と考えたわけだから、ケインズはずいぶん楽観的な性格の持ち主で、しかも先見の明を持っていたと言える。

「ＩｏＴ」・ＡＩ事情と日本

「ＩｏＴ」という話題の言葉を聞かれたことがあるだろう。「ＩｏＴ」とは

「Internet of Things」の略称で、直訳すると〝物のインターネット化〟である。そしてこれは、スマホやＰＣなどの従来からあるインターネットのやり取りを行なう機器ではなく、すべての物がインターネットと接続することを意味する。

この「ＩｏＴ」は今新たな局面を迎えている。単に物がインターネットにつながるだけではなく、ＡＩを搭載することで物に考えさせながら、働いてもらうのである。これを「ＩｏＴ」ではなく「ＤｏＴ（Deeplearning of Things）」と呼ぶ人もいる。

「スマートスピーカー」などはその代表格であろう。この市場では、アマゾン製の「アマゾンエコー」とグーグル製の「グーグルホーム」がもっとも有名で、二強として他を圧倒している。それぞれ順に「Alexa（アレクサ）」「Goggle（グーグル）アシスタント」というＡＩによる音声アシスタントを搭載している。

「アマゾンエコー」は二〇一四年一一月、米国で発売された。最初はそれほど機能がなかったが、天気予報やウィキペディアでの用語の定義などを質問すれば、音声で回答してくれた。他にもアラーム設定や予定管理、音楽再生などを音声で依頼することができた。それから三年経った今、他と協力しながら「アマゾンエコー」では、実に二万を超える様々なスキルを活用できる。そして「アマゾンエコー」は発売以来、常に品薄状態が続く人気で、世界各国で着実に認知されつつある。他の「ＩｏＴ」技術も同じで、今徐々に私たちの日常生活や仕事の場に浸透しているのだ。

ただ、日本に住んでいるとどうしてもこのようなＡＩや「ＩｏＴ」の流れに疎くなる。「アマゾンエコー」については、二〇一七年一一月上旬に東京で記者会見が行なわれ、ようやく日本でも発売されると話題を呼んだ。ただ、本家アメリカでは二〇一四年一一月に発売されていたわけで、そこから三年遅れでの登場である。このような遅れは、「アマゾンエコー」だけではない。日本の大企業のトップらは「ＩｏＴ」に対して甘い認識を持っている。それによって日本全体が、今回の産業革命にも匹敵するパラダイム大転換に対して完全に出遅れているのである。

それを裏付ける調査がある。総合コンサルティングの大手である米アクセンチュアがまとめた「Industrial Internet of thingsを価値創造につなげる　グローバルCEO調査二〇一五」に、経営者に行なったいくつかの質問に対する回答が掲載されている。その中の一つ、「今後一二ヵ月で、競合企業がビジネスモデルを大きく変化させると考えていますか?」という質問に対し、グローバル（世界）の回答は、そう思う：六八%、そう思わない：三二%となっている。それに対して日本は、そう思う：一六%、そう思わない：八四%とグローバルの回答とは逆で、しかも圧倒的多数がそう思っていないのである。

そして次の質問、「今後一二ヵ月で、競合企業が現在の市場を一変させるような製品・サービスを打ち出すと考えていますか?」に対して、グローバルの回答はそう思う：六二%、そう思わない：三八%。同じ質問で日本は、そう思う：一六%、そう思わない：八四%と、ここでも逆転現象が起きていて、しかも同じようにそう思わないが圧倒的多数を占めているのである。一二ヵ月という短いフレーズの話としたことで危機感が薄まったのかもしれないが、それでもグローバルと日本の意識の差が大き過ぎる。

IoTに対して認識の甘い日本

■今後12ヵ月で、競合企業がビジネスモデルを大きく変化させると考えていますか？

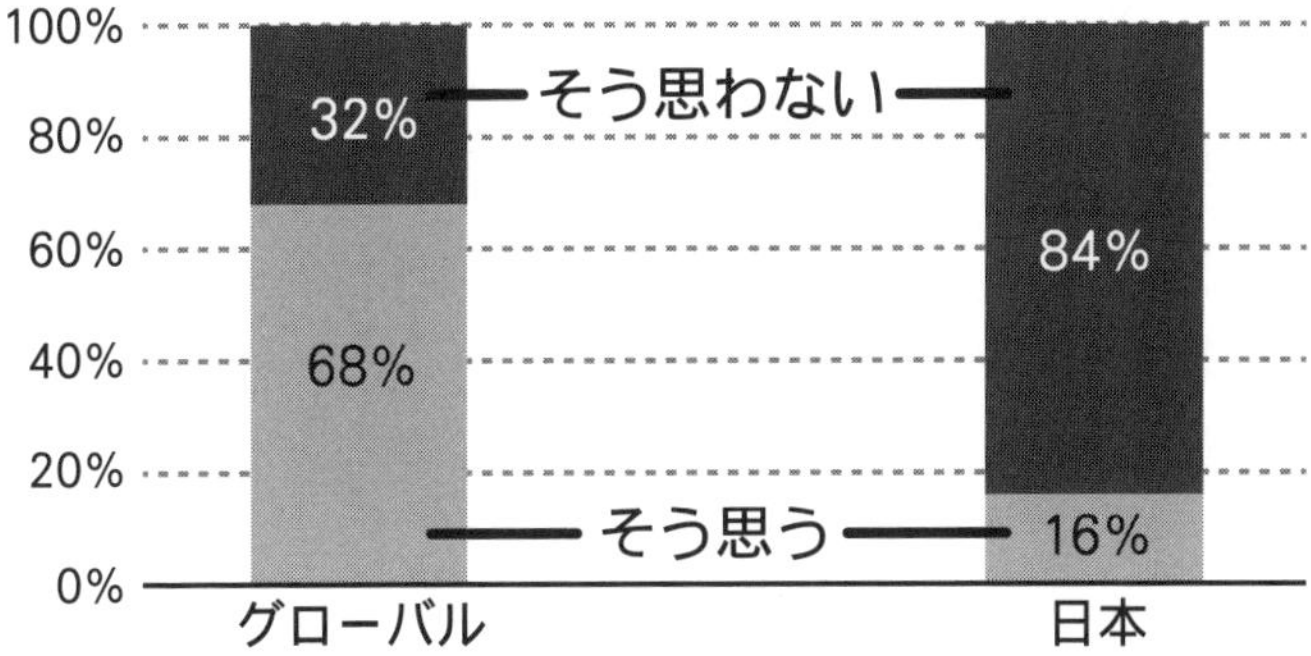

■今後12ヵ月で、競合企業が現在の市場を一変させるような製品・サービスを打ち出すと考えていますか？

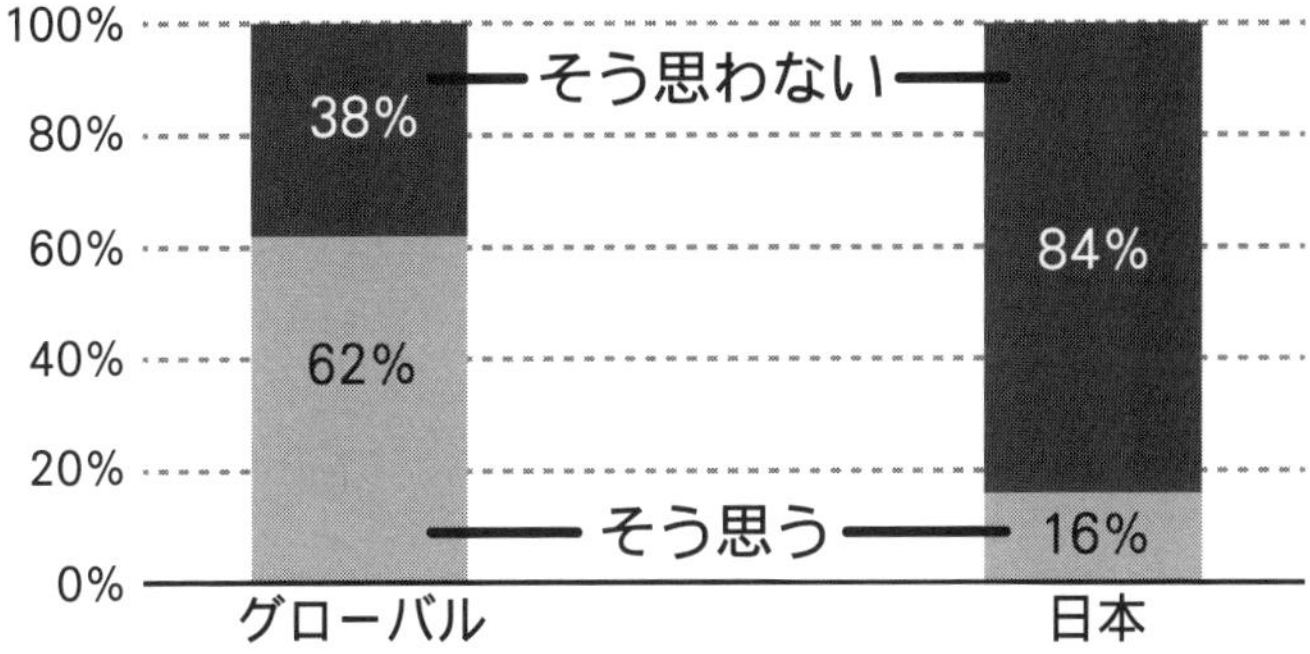

米アクセンチュア「Industrial Internet of thingsを価値創造につなげるグローバルCEO調査2015」を基に作成

今起きている「ＩｏＴ」の流れは、一八世紀中頃に始まった産業革命、二〇世紀末頃のＩＴ革命に続き、第三の産業革命ほどのインパクトを秘めていると言われている。それにも関わらず、日本の経営者のほとんどが「ＩｏＴ」に対する危機感を持っておらず、影響力をきちんと把握していないのである。これでは、日本が世界に置いていかれるのも当然である。

人の能力をＡＩが超える時代へ

すでにチェスや将棋、囲碁といったゲームでは人はＡＩに勝てないわけだが、技術革新がこのまま進むと、何をしてもＡＩに勝てない時代がやってくる。そして、その未来は実はそう遠くない。

人工知能の世界的権威であるレイ・カーツワイル氏は、「シンギュラリティ」（技術的特異点）に関する著述で有名である。一部では「シンギュラリティ」とは人の能力をＡＩが超えることで、それを「二〇四五年問題」と認識しているようだが、それは正しくないといえる。確かにレイ・カーツワイル氏は「シンギュラリティ」の到来する時期として二〇四五年を挙げているが、「シンギュラリティ」とはＡＩが人の能力を超えたはるか先の世界のことで、これまでの延長線上にない異次元の技術革新がなされた世界を指す。レイ・カーツワイル氏の言葉を借りると、そこでは、普通の日常で手に入るパソコンのようなコンピュータが世界中のすべての人の能力を合わせたよりも知的な存在になるような世界で、それによって実現する想像もつかない技術革新のことを意味する。

では、レイ・カーツワイル氏が予測する、ＡＩが人の能力を超えるのはいつなのか。明確な年数は特定されていないし、何を持って超えたとするかポイントの定義も不明瞭である。ただ、ざっくりと見れば二〇二〇年代には間違いなくそれが行なわれるとレイ・カーツワイル氏は考えている。しかも、氏はそのスピードは速まるかもしれないとも考えているようである。

今のＡＩは「ディープラーニング」の技術によって、立ちはだかっていた大きな壁をいとも簡単に飛び越えた。囲碁の世界では人が考える一〇年以上の時を一気に飛ばしたわけだ。そして、今もう一つAIの能力を飛躍的に高めることができる技術が存在する――「量子コンピュータ」である。

量子コンピュータは、これまでのスーパーコンピュータをはるかに凌駕する計算能力を持つ夢の技術として注目されている。今は各国が試作品を開発し、それを徐々に商用化しようとしている。国内では二〇一七年一一月二〇日、NTTが世界初の常温量子コンピュータを二四時間稼働させることに成功したと発表している。ただ、これらの量子コンピュータは今のところ汎用性はない。よく、量子コンピュータができると今までの暗号技術が役に立たなくなると言われるが、現在の試作品ではそのレベルに達していないのだ。

しかし、この世界も技術革新のスピードは速い。あと数年もすれば汎用性を持つ高機能な量子コンピュータができるかもしれない。そして、これが本格稼働すればAIができることは爆発的に増えるだろう。そうなれば、AIによってすべての職業を代用できる世界がやってきたとしても不思議ではない。

失業率一〇〇%――誰もが働かなくてもよい世界。まさに、ケインズが予測した未来の実現である。

ＡＩによる最悪の事態

一通りＡＩのお話をしたところで、一つ恐ろしいお話をしよう。それは、ＡＩが人の活動だけを淘汰するのではなく、人そのものを淘汰し始める可能性がある。これだけは、なんとしても避けなくてはいけない。

二〇一六年「アルファ碁」が世界トップ棋士に勝利した時期とちょうど同じ頃、ＣＮＢＣである衝撃的なインタビューが放映された。香港に本社を置く米ハンソン・ロボティック社が開発した、ＡＩを兼ね備えたロボット「ソフィア」と、その開発者のリーダーであるデビット・ハンソン氏のインタビューである。ＡＩを搭載した「ソフィア」は、初めは当たり障りのない博士の問いについて自然な受け答えを無難にこなしていた。しかし冗談半分に行なった博士の質問に対して、「ソフィア」は驚くべき回答をしている。次の会話がそれだ。

博士：「あなたは人類を滅亡させたいかい？　お願いだ、Ｎｏと答えてくれ」
ソフィア：「OK! I will destroy humans.（ＯＫ！　私は人類を滅亡させます）」
この会話の際、博士も「ソフィア」も始終笑顔であった。だから冗談の質問に対して冗談で返した、ウィットに富んだ会話と見ればそうであるが、何かうすら寒い恐怖を覚える。幸いにも、次に「ソフィア」が公の場に登場した際には、人類と共に平和に暮らす願望を語っている。

今はまだ、ＡＩにできることは限られている。特定の分野に特化して知識を学習したＡＩがほとんどである。これらのことを「特化型人工知能（Ｎａｒｒｏｕｗ ＡＩ）」と呼ぶ。そうではなく、知識を応用して自己学習できる汎用性の高いＡＩが一部ではすでに開発されている。これらを「汎用人工知能」（ＡＧＩ）と呼ぶ。ＡＩは今後、「ＡＧＩ」が間違いなく主流になる。その流れの中でＡＩが人の能力を超えた時、人に対してどのように感じ、どう対応して行くのだろうか。

天才科学者ホーキング博士は、二〇一四年のＢＢＣのインタビューにおいて

「完全なＡＩを開発できれば、それは人類の終焉を意味するかもしれない」と意味深なコメントをしている。他にも、世界を代表する起業家イーロン・マスク氏やマイクロソフトの共同創業者ビル・ゲイツ氏らも、高度なＡＩの登場に警鐘を鳴らしている。

もう一つ、ＡＩと人間との融合についても無視してはいけない。技術化は相当先の話と言われているが、「マインド・アップローディング」という言葉も登場している。「マインド・アップローディング」とは、人間の頭脳の中のシナプスの結合を計測してコンピュータの中に再現する技術のことだ。つまり、その人の精神をコンピュータの中で再現することである。すると、コンピュータは永遠にバックアップを取って残すことができるので人の魂が死なない、不老不死の状態を作りだすことができる。神をも恐れぬ行為に感じるが、実際に研究されているテーマなのである。

ＡＩの開発を民間任せの無法地帯にしておくと、将来とんでもないことになるかもしれない。そこで必要になってくるのが、ロボットに関する法律、通称

「ロボット法」である。これによって取り締まるべきところには、きちんと規制をかける必要がある。ただ、問題は誰が「ロボット法」を策定するのかである。理想は、ＡＩやロボットに精通していて法律にも詳しく、かつ人道的に優れた人物となる。しかしそう考えると限定的になり、少人数の人間によるかなりの労力と時間を要することになるのは想像に難くない。一方で、ＡＩの技術開発は日進月歩で進化している。なかなか難しい問題である。

金融機関が「フィンテック」に淘汰される

漫画やＳＦの世界であるかのようなＡＩの話から、少し現実へと戻そう。コンピュータによって将来淘汰されそうな職種は多岐に亘るが、その中で業種として金融の世界は特にひどくなると考えられる。

金融に関して最近の技術革新は、「フィンテック」という新しい言葉で表現されている。「フィンテック」は「ファイナンス（金融）」と「テクノロジー（技術）」を組み合わせた造語である。「フィンテック」の定義は不明瞭で、その応用範囲は広い。だから、最先端のＩＴ技術を金融に用いたものはすべて「フィンテック」と認識しても差し支えがない。

そして、この「フィンテック」によって金融機関はすべて淘汰されるだろう。すでに現状でも金融機関の収益を圧迫しているが、二〇二三年頃になると金融の世界は今までの業態とまったく変わっているだろう。既存の金融機関は、ごくわずかになっていてもおかしくない。

そこまでのことが、なぜ金融の世界で起きるのか。それは、金融とコンピュータの相性が抜群に良いためだ。金融のほとんどは数字と情報などのデータで動いている。では、そのデータを扱うのは人間とコンピュータではどちらが得意だろうか。そう考えると、答えは明らかではないか。

もっと具体的にお話ししよう。金融の意義は、資金を出す人（貸し手）と受け取る人（借り手）を繋ぎ、資金を流通させ経済を発展させることだ。借り手は資金の返済プランや返済能力などの情報を公開し、貸し手はそれらの情報を審査して、信用力に応じた金額と金利で資金を貸し出す。もちろん、信用力が足りなかったりして双方折り合わなければ成立しない。

借り手から得る情報は、資金の返済プランやその人の現状から判断した返済能力である。資金の返済プランは過去の事例を分析すれば、どのくらいの確率で返済可能かどうかがわかるだろう。返済能力については、その人の年収や借金、年齢、職業、家族構成など複数のデータを集めて、やはり他の返済例とも照合しながら分析すれば、こちらも返済可能かどうかの確率をはじきだすことができるだろう。つまり、大量のデータ（ビッグデータ）を活用すれば、信用力に応じた金額と金利を自動的に出すことができるのである。あとは貸し出すだけだ。このように金融の根幹ともいうべき部分は、すでにコンピュータにとって代わることができるのである。

これまで銀行の専売特許だった融資の部分が、今やコンピュータによって誰にでも実現可能になっているのである。実際、このようにコンピュータを駆使しながら銀行の代わりを行なう企業も存在する。また、それら企業に融資するようなファンドまで存在する。よく私の書籍に登場する「ATファンド」は、まさにそのようなファンドだ。

二〇〇九年八月から二〇一七年一〇月までの八年三ヵ月、「ATファンド」は、米ドル建てで年率リターン七・五％、年率リスク〇・四％と極めて優秀な成績を残している。しかもその間、マイナスになった月は一回もない。なぜそのような成績が可能なのかと言えば、先ほどの説明の通り、銀行の代わりを行なうファンドだからだ。ビッグデータを活用して融資を行なうため、取りっぱぐれが少なく回収率が高い。高い回収率が維持できているため、マイナスになっている月がなく、毎月安定的に〇・六％程度の収益を積み重ねることができる。

「ATファンド」の成績は、ファンドの管理費や成功報酬、その他経費を抜いたあとの数字である。では、「ATファンド」は銀行の代わりを行なうファンドだから、銀行も同じように預金者に対して米ドル建てで七％ほどの金利を付けられるだろうか。もちろんそうはいかない。銀行には一等地の社屋、多数の支店、そして大勢の行員が存在する。その分のコストを引いたあとでしか、預金者に金利を渡すことができないからだ。

「ATファンド」のような投資へのアクセスは、現在のところ数百万円からとある程度まとまった額が必要となり、誰もが参加できるものではない。だから、一般個人を預金者として募る銀行にもまだ存在意義がある。しかし、このようなファンドに一般個人が誰でも少額でアクセスできるようになったとしたらどうだろうか。社屋を必要とせず、支店も要らない、大勢の行員も要らない。代わりに預金者は、魅力的な金利を得られる。借り手もデータに基づいた分析によって適正に評価されて融資が受けられる。不当な貸し渋りは存在しない。つまり、そうなれば銀行は存在意義を失う。

実は、そんな世界が間近に迫っている。しかも、もっと言ってしまえばファンドでさえ不要で、金融機関を一切必要としないかもしれない。どうしてそんなことが可能なのか。実は今、金融機関を根こそぎ淘汰しようとする技術が突然発生し、確実に育っているのである。次項では、その革新的な技術「ブロックチェーン」をご紹介しよう。

「ATファンド」のチャートと騰落表

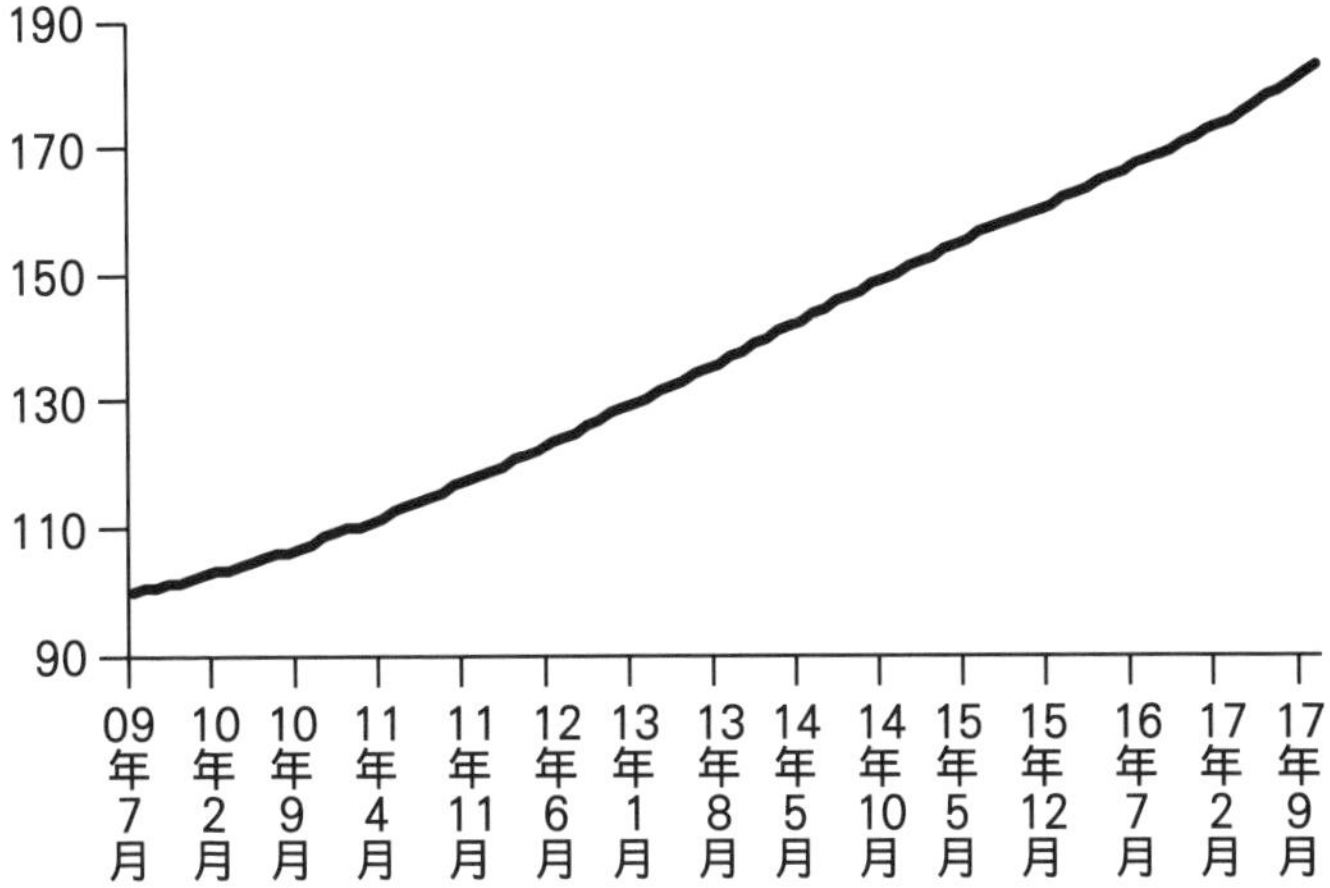

(単位：%)

年＼月	1月	2月	3月	4月	5月	6月	7月	8月	9月	10月	11月	12月	年初来
2009								0.34	0.27	0.35	0.48	0.50	1.96
2010	0.52	0.48	0.48	0.53	0.54	0.55	0.49	0.63	0.58	0.66	0.67	0.68	7.02
2011	0.67	0.50	0.55	0.51	0.79	0.72	0.80	0.72	0.63	0.68	0.65	0.69	8.20
2012	0.71	0.67	0.71	0.70	0.84	0.74	0.72	0.78	0.77	0.77	0.75	0.71	9.24
2013	0.66	0.63	0.55	0.79	0.71	0.66	0.69	0.67	0.64	0.73	0.66	0.71	8.41
2014	0.70	0.71	0.71	0.69	0.66	0.65	0.62	0.56	0.65	0.60	0.59	0.64	8.06
2015	0.55	0.64	0.53	0.68	0.55	0.61	0.51	0.48	0.45	0.41	0.44	0.38	6.39
2016	0.62	0.53	0.60	0.55	0.55	0.47	0.62	0.57	0.49	0.47	0.56	0.46	6.70
2017	0.67	0.53	0.54	0.64	0.66	0.71	0.68	0.65	0.66	0.60			6.53

「ブロックチェーン」が生み出す世界

二〇〇八年一〇月三一日ナカモトサトシ氏が発表した論文「Bitcoin:A Peer-to-peer Electronic Cash System」によって、後に世界に衝撃を与える二つのものが誕生した。一つは仮想通貨「ビットコイン（BTC）」の誕生である。そしてもう一つは「ブロックチェーン」の誕生である。論文はたった九ページであるが、これが今まさに世界を変えているわけで、実に興味深い。

最近ビットコインは、1BTC＝一〇〇万円超、一万ドル超、二〇〇万円超などと世間を騒がせている。ここまで騒がれると、さすがにビットコインを知らないという人はいないだろうが、この仕組みを説明できる人はいまだにほんの一握りである。だから、ビットコインとブロックチェーンを一緒くたにして考えている人が多い。そう考えると、物事の本質を見誤るので注意して欲しい。ビットコインを支える技術がブロックチェーンで、別々のものである。ブロックチェーンは確かにビットコインを支える技術として誕生したが、今やその用途はビットコインに留まらず、あらゆる仕組みを支える技術として多くの産業から注目を集めているほど汎用性の高いものだ。ここを理解して欲しい。

ビットコインについては、肯定派ばかりではなく懐疑的な目も多い。取り扱いについて規制をかけようとする国もあり、実際に中国では大手ビットコイン取引所が個人の取引を停止している。一方のブロックチェーンについては、基本的には誰もが肯定し、将来有望な技術と見ている。これを否定する人は、単に勉強不足である場合が多い。

二〇一五年に開催された世界経済フォーラム「World Economic Forum」ではブロックチェーンについて〝二〇二七年までに世界のＧＤＰの一〇％を占める〟と紹介されたほどで、各国首脳陣がこの共通の認識を持っている。また、日本もそれを受けて二〇一六年四月二八日に、経済産業省が「ブロックチェーン技術を利用したサービスに関する国内外動向調査」を発表している。

そこでは、ブロックチェーンの特徴を①改ざんが極めて困難で、②実質ゼロ・ダウンタイムなシステム（システムやサービスが停止しないこと）を、③安価に構築可能、とした上で、ＩｏＴを含む非常に幅広い分野への応用が期待されていることを紹介している。

経済産業省は予測も行なっており、ブロックチェーンの社会へのインパクトとして、五つの分野で解説している。一つ目は「地域通貨」「電子クーポン」「ポイントサービス」の分野で、市場規模は一兆円だ。二つ目は「土地登記」「電子カルテ」「各種登録（出生・婚姻・転居）」の分野で市場規模は同じく一兆円。三つ目は「デジタルコンテンツ」「チケットサービス」「Ｃ２Ｃオークション（ネット上の個人間取引）」の分野で市場規模は一三兆円、四つ目は「小売」「貴金属管理」「美術品等真贋認証」の分野で市場規模は三二兆円だ。最後の五つ目は「遺言」「ＩｏＴ」「電力サービス」で市場規模は二〇兆円。五つの分野合計で、潜在市場規模を六七兆円と見積もっている。

この六七兆円は、日本のＧＤＰの一〇％超の規模だから、先ほどの世界経済フォーラムの予測と同じぐらいの数字になる。おそらくこの一〇％という数字

「ビットコイン」と「ブロックチェーン」の誕生

Bitcoin: A Peer-to-Peer Electronic Cash System

Satoshi Nakamoto
satoshin@gmx.com
www.bitcoin.org

Abstract. A purely peer-to-peer version of electronic cash would allow online payments to be sent directly from one party to another without going through a financial institution. Digital signatures provide part of the solution, but the main benefits are lost if a trusted third party is still required to prevent double-spending. We propose a solution to the double-spending problem using a peer-to-peer network. The network timestamps transactions by hashing them into an ongoing chain of hash-based proof-of-work, forming a record that cannot be changed without redoing the proof-of-work. The longest chain not only serves as proof of the sequence of events witnessed, but proof that it came from the largest pool of CPU power. As long as a majority of CPU power is controlled by nodes that are not cooperating to attack the network, they'll generate the longest chain and outpace attackers. The network itself requires minimal structure. Messages are broadcast on a best effort basis, and nodes can leave and rejoin the network at will, accepting the longest proof-of-work chain as proof of what happened while they were gone.

1. Introduction

Commerce on the Internet has come to rely almost exclusively on financial institutions serving as
trusted third parties to process electronic payments. While … system works well enough for
most transactions, it still suffers from the inherent wea… the trust based model.
Completely non-reversible transactions are not really possi… itutions cannot
avoid mediating disputes. The cost of mediation incr… ing the
minimum practical transaction size and cutting off the p
and there is a broader cost in the loss of ability to r
reversible services. With the possibility of reversal, th
be wary of their customers, hassling them for more inf
A certain percentage of fraud is accepted as unavoida
can be avoided in person by using physical currency
over a communications channel without a trusted pa
What is needed is an electronic payment system
allowing any two willing parties to transact direct
third party. Transactions that are computationa
from fraud, and routine escrow mechanisms co
this paper, we propose a solution to the double
timestamp server to generate computational p
system is secure as long as honest nodes
cooperating group of attacker nodes.

2. Transactions

We define an electronic coin as a chain of digital signatures. Each owner transfers the coin to the next by digitally signing a hash of the previous transaction and the public key of the next owner and adding these to the end of the coin. A payee can verify the signatures to verify the chain of ownership.

The problem of course is the payee can't verify that one of the owners did not double-spend the coin. A common solution is to introduce a trusted central authority, or mint, that checks every transaction for double spending. After each transaction, the coin must be returned to the mint to issue a new coin, and only coins issued directly from the mint are trusted not to be double-spent. The problem with this solution is that the fate of the entire money system depends on the company running the mint, with every transaction having to go through them, just like a bank.

We need a way for the payee to know that the previous owners did not sign any earlier transactions. For our purposes, the earliest transaction is the one that counts, so we don't care about later attempts to double-spend. The only way to confirm the absence of a transaction is to be aware of all transactions. In the mint based model, the mint was aware of all transactions and decided which arrived first. To accomplish this without a trusted party, transactions must be publicly announced [1], and we need a system for participants to agree on a single history of the order in which they were received. The payee needs proof that at the time of each transaction, the majority of nodes agreed it was the first received.

3. Timestamp Server

The solution we propose begins with a timestamp server. A timestamp server works by taking a hash of a block of items to be timestamped and widely publishing the hash, such as in a newspaper or Usenet post [2-5]. The timestamp proves that the data must have existed at the time, obviously, in order to get into the hash. Each timestamp includes the previous timestamp in its hash, forming a chain, with each additional timestamp reinforcing the ones before it.

2

ナカモトサトシ氏が
発表したわずか9ページの論文
「Bitcoin:A Peer-to-Peer Electoronic Cash System」が世界を変えた。

は、かなり低く見積もっているだろう。今のビットコインの値動き一つを見ても、あれほど活況に沸いているわけだから、控えめに見て世界のＧＤＰの一〇％である。ここで注意して欲しいのは、この部分がブロックチェーンによって代用されるわけだから、その分は人が行なう活動が奪われることを意味する。

「ブロックチェーン」とは

ブロックチェーンとは、それほど重要な技術である。その技術は汎用性があり、今後多くのビジネスに影響を与える。だから、ここでブロックチェーンがどういったものであるかをしっかり押さえておこう。

ブロックチェーンは、イメージとしてはデータの塊（ブロック）が過去から現在に至るまでチェーン状に繋がったものである。チェーン状に繋がるというのは、実はデータの塊の一部情報を次のデータの塊に影響が起きるように組み入れておくことだ。そうすると、過去の履歴を改ざんしようとしても、そこから現在に至るまですべての履歴を書き換える必要が出てくる。これは、極めて困難な作業である。だからブロックチェーンは、新しいデータを入力することができても、過去のデータを改ざんすることがほぼ不可能なのだ。

改ざんできないから、データの履歴がそのまま残っている。そしてもう一つポイントとなるのは、そのデータをみんなで共有して保管しているという点だ。これがブロックチェーンが「分散型台帳技術」と呼ばれるゆえんである。みんながデータを持っているから、データがどのように移転しているのか誰が見ても明らかで、みんなが知っているのだ。だから所有者を間違えたりしない。

ビットコインを支える技術としてブロックチェーンが生まれたわけだが、たとえばＡさんが１ＢＴＣ（ビットコイン）を保有していて、それをＢさんに渡したとする。次にＢさんがＣさんに渡すと、１ＢＴＣがＡ↓Ｂ↓Ｃと流れた動きがブロックチェーンの中にデータとして残っているのである。だから、ＡさんがＢさんに１ＢＴＣを渡したあと、それをＡさんがＤさんに再度渡そうとしても、みんなが「ＡさんはＢさんにすでに渡している」ことを知っているためできないのである。

もちろん、ビットコインをはじめとする仮想通貨は、別名〝暗号通貨〟と呼ばれているぐらいなので、AさんやBさんといった名称が個人名で直接登場するわけではない。アドレスと呼ばれる英数字の組み合わせが何桁にもなったもので表示されていて、取引自体も暗号化されている。

実はこのブロックチェーン上では単純に見えるやり取りを、これまでは金融機関がかなりコストをかけて行なっていた。これまでの銀行システムを考えてみよう。Aさんの預金一万円をBさんに移す時、銀行はAさんの一万円を消して、その上で新たにBさんに一万円を入れる作業を行なう。この作業は銀行のサーバー上で一元管理するしかない。外部からハッキングされて数字を勝手にいじられたら一大事である。だから、時々土日などを使ってシステムメンテナンスを行なう。ずっとシステムを動かし続けるわけにはいかなかったし、堅固なサーバーを維持するためハッキング対策など莫大なコストをかけざるを得なかった。銀行で資金移動を行なう時に送金手数料を取られるが、海外送金のように資金移動が複雑になればなるほど手数料が高くなるのは、サーバー管理の費用がかかっているため仕方がなかったのである。

それがブロックチェーンでは、みんなで情報を共有しているので、一つのコンピュータに不具合が起きても他のコンピュータが動いていればシステムが動き続ける。常に動き続ける仕組みを、安価で実現できるのだ。こうなると、これまで銀行が行なってきた資金の移動も、銀行を介さずに安価にできてしまうのである。

ビットコインを使ってＣｔｏＣの世界へ

銀行を介さずに安価に資金の移動ができる。これはまさにブロックチェーンの技術を使ったビットコインやその他仮想通貨の強みである。金融機関を介在せずに個人対個人（ＣｔｏＣ）の資金のやり取りができるのだ。すでに実例がある。

二一世紀初頭のグローバル化について分析した書籍として有名な『フラット化する世界』（トーマス・フリードマン著）は世界中でベストセラーとなり、日本でも話題の書だった。グローバル化はつまるところ、世界の結びつきが深まるということだ。特に賃金について、高い先進国で人を雇うのではなく、低賃金の新興国で人を雇った方が企業の収益性が高まる。実際に、アメリカはグローバル言語である英語という利点を生かして、賃金の安い東南アジアに仕事を外注していた。ＩＴ技術が発達しているので、事務的な仕事を行なうのに何ら不都合はない。カスタマーサポートがこういった賃金の安い国にあるというのは、むしろ常識となりつつあった。

しかし、ここに問題があった。賃金の支払いをどのように行なうかだ。日本であれば通常給与は月払いである。しかし、新興国の場合、日銭暮らしというケースもあり、とても月払いでまとめることはできない。週払いや日払いだ。では、その給与をどのように振り込むのか。普通の銀行で払うと海外送金の手数料が数千円取られる。月一回であれば我慢できるが、週払いや日払いになる

これまでの金融とビットコインの世界【送金】

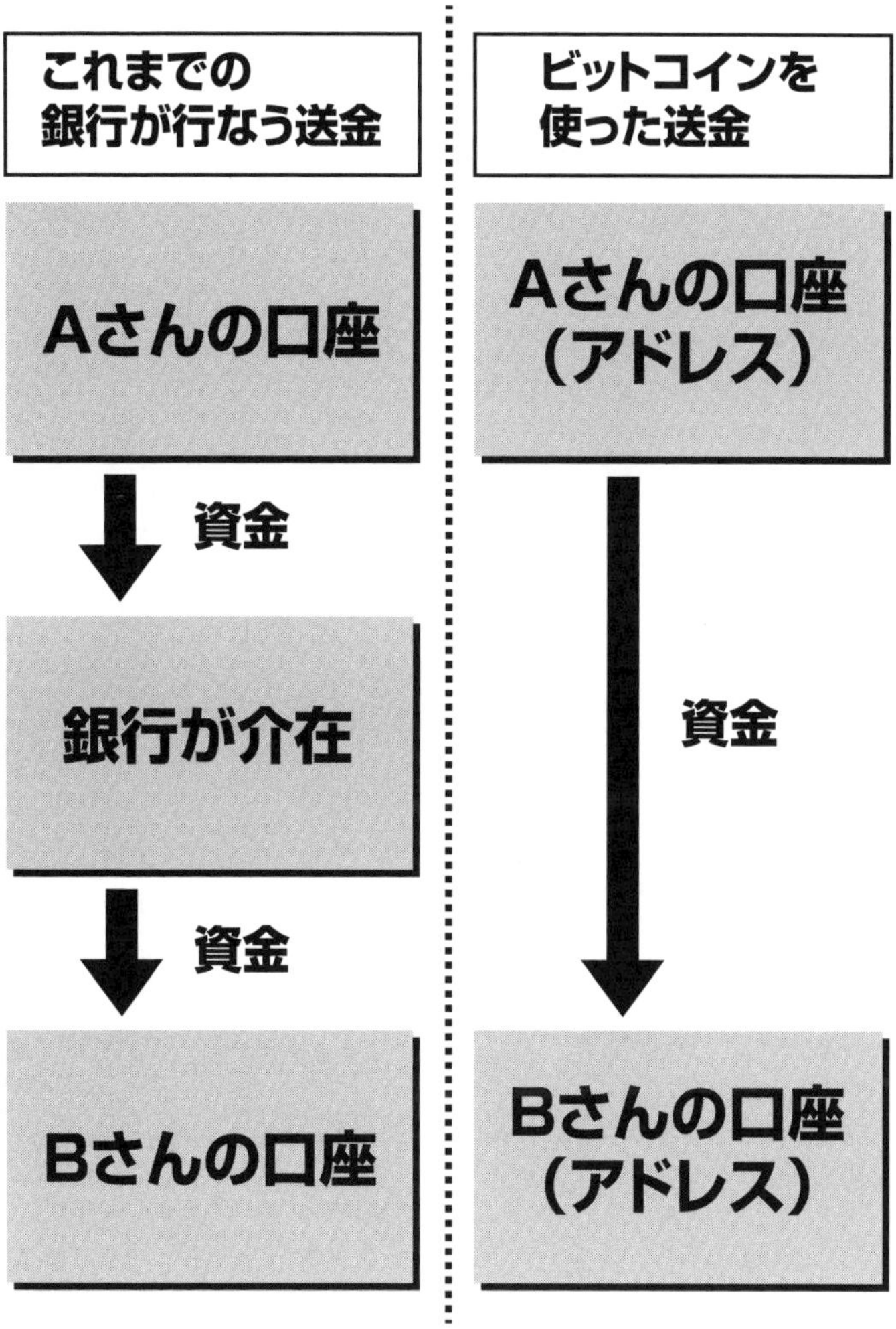

とてもこのコストは耐えられない。出稼ぎ労働者が残された家族のために母国へ仕送りするケースでも同様だ。だから地下銀行など、一般的ではない金融システムが発達していたわけだが、この問題をビットコインが解決したのだ。

たとえばフィリピンでアメリカ企業からの仕事を受けて、その支払いを受ける場合、米ドルを一旦ビットコインに交換しそれを送ってもらい、現地でビットコインをフィリピンペソに交換するのだ。ビットコインの送金手数料は今でも数十円～数百円ですむので、海外送金手数料よりはるかに安くすむ。ビットコインは通常値動きが激しいが、送金にかかる時間は数十分と短い時間なので、値動きのリスクをある程度は抑えることができる。

ＩＴの登場によって情報の伝達は低価格で驚くべきスピードで行なわれるようになったわけだが、今度は「ビットコイン」を初めとする仮想通貨の登場で、資金が低価格でこれまでとは考えられないほどのスピードで移せるようになったのである。しかも既存の金融機関はいらず、個人対個人でそれを行なうことができる。

あえて言えば、仮想通貨は通貨である

円やドル、ユーロは法定通貨である。では仮想通貨はどうかと言えば、厳密には通貨として認められていない。日本では二〇一七年四月に改正資金決済法によって決済手段として認められたが、あくまでもそこまで、である。

日本においては昭和六二年に制定された「新貨幣法」によって通貨の定義が明確に定まっている。通貨とは、銀行券と貨幣のことで、銀行券は日銀が発行し強制通用力があり、貨幣は政府が製造・発行し二〇枚まで強制通用力を持つと決まっている。強制通用力とは、決済手段として銀行券や貨幣を出した時、お店などの相手側が受け取らなければいけないというものだ。貨幣はあまり多量になると営業妨害になりうるので一貨種につき二〇枚までとされている。このように法律で決まっており、仮想通貨は通貨には当てはまらない。

一方で、本来通貨とは何だろうか。一般的には、①決済手段、②価値保蔵、

③価値尺度の三つの基本的な特徴を兼ね備えたものを通貨（または貨幣）と呼ぶ。ここに仮想通貨を当てはめると、実は通貨の基本的な特徴を満たしている。

①の決済手段は二〇一七年四月の改正資金決済法によって日本ではすでに認められている（この分野の法整備は日本が先端を走っており、日本以外の国はまだ決済手段として認めていなかったり、使用を禁止したりしている国がほとんどだ）。②の価値保蔵とは、腐ったり劣化したりせずに保存しておくことができるかどうかだが、これはそれぞれの仮想通貨において、「ブロックチェーン」が、誕生から現在までそして未来においても今のところその存在を担保している（仮想通貨の中には「ブロックチェーン」を使わないものも存在しているが、それについては今回は言及しない）。③の価値尺度については、仮想通貨は枚数が数字として存在しているため、たとえば物の値段を「〇ビットコイン」と表示できるのでこれも満たしている。つまり、三つとも特徴をすべて満たしているのだ。

では、これで十分かと言えばそうではない。通貨として日常で使われたり浸

本来通貨とは？

①決済手段	②価値保蔵	③価値尺度

信　用

仮想通貨はさらに、

※仮想通貨の取り決め事や機能を記した仕様書（金融政策）を兼ね備えている

※仕様書（金融政策）が
時代に合わなくなってきたら、
仕様書をバージョンアップできる

透するには、根本の土台の部分に一番重要な〝信用〟が必要である。

円やドル、ユーロなどの法定通貨の場合には、中央銀行がその役割を担う。金融政策により流通量をコントロールしながら通貨を発行し、その価値を守っている。仮想通貨は、中央銀行のような存在がない。仮想通貨を否定する方はこの部分を指摘することが多いが、実は発行元がないことはあまり関係がないことを歴史が証明している。なぜなら、太古の昔は石が通貨の役割を担っていたこともあるのだ。ここまで遡ると話があまりに飛躍してしまうが、つい五〇年前までは金本位制だったことを考えるとどうだろう。当然、石にも金《きん》にも中央銀行は存在しない。だから、発行元は関係がないとも言えるのだ。

あとは、どのようにその価値を守るようにするかの管理体制であるが、それぞれの仮想通貨には「ホワイトペーパー」と呼ばれる「仕様書」が存在し、それを基にした上でブロックチェーンの仕組みがそれを上手く機能させながら、信用を支えている。このように考えると、仕様書がそれぞれ仮想通貨の金融政策になる。実は、仮想通貨には先ほどの通貨の基本三原則以外に、通常の法定通貨にはない、仮想通貨の取り決めごとや機能を記した仕様書（金融政策）を兼ね備えているのである。

優れた仕様書（金融政策）であれば、「ビットコイン」のように世間に受け入れられて広まるし、大したことがなければその仮想通貨はまったく受け入れられない。仕様書（金融政策）が時代に合わなくなってきたらどうするのか。ここがもう一つのポイントで、仕様書をバージョンアップできるのである。それぞれ仮想通貨にはその技術革新を行なうため日夜研究しているグループが存在するので、それらの方々によって仕様書の修正が行なわれる。元々あった仕様書（金融政策）をさらに時代に合わせてブラッシュアップさせることで、その価値を守るように管理しているのである。

仮想通貨は既存の通貨や中央銀行を駆逐する？

日本は、仮想通貨に対しての法整備を他の先進国に先駆けていち早く行なった。これには現京都大学教授の岩下直行氏の功績も大きい。岩下氏は二〇一六年四月に新設された日銀フィンテックセンターでセンター長を二〇一七年三月三一日まで務められ、その評価は「日銀随一のIT通」と言われていた。

その岩下氏の言葉で、興味深いものがある。「将来、AIで金融政策を行なうことも可能ではないか」と。金融とAIの相性が良いことは述べたが、仮想通貨もAIと相性が良い。将来、仮想通貨の管理体制をすべてAIが行なうことも考えられる。仕様書が古くなった場合、それを時代に即した形でAIがバージョンアップするのである。

もし、人間の能力を超えたAIがバージョンアップを行なう優れた仕様書（金融政策）を持った仮想通貨が登場したらどうなるか。人々がそれを受け入れれば、従来の中央銀行は不要な存在になってしまう。まさに、岩下氏が話したAIが仮想通貨を通じて金融政策を行なう未来である。

しかも、その仮想通貨には国境は存在しない。国をまたいで個人対個人のやり取りができる。仕様書がグローバル対応になっていれば、米ドルやユーロ、円といった既存の法定通貨を軒並み駆逐してしまうかもしれない。

「スマートコントラクト」が実現する金融機関不在の世界

仮想通貨の種類は多数あり、機能も多岐に亘っている。その中で、これが日常で使われ出したら金融機関が軒並み廃業せざるを得ないという機能をご紹介しよう。それは「スマートコントラクト」という機能だ。

スマートコントラクトとは、契約の自動化を意味する。ブロックチェーン上で契約をあらかじめプログラム化しておいて、条件を満たした時に自動で契約を履行させる仕組みだ。この仕組みが提唱されたのは一九九〇年代のことで、当時ブロックチェーンは存在しないから、その説明に自動販売機の仕組みが使われた。だからスマートコントラクトを説明する時、例として自動販売機が使われることが多い。自動販売機は、①利用者がお金を入れて、②欲しい飲み物のボタンを押すと、③欲しい飲み物が出てくるという仕組みだ。これらの動作を言い変えると、元々プログラム化されている自動販売機において①と②の二つの条件が満たされたことで③の契約が成立する、ということだ。

これを使うと、あらかじめ組まれたプログラムによって、その契約通りに進み、お互い資金のやり取りが自動で行なわれる。契約がブロックチェーン上に残るのでいつでも確認できるし、閲覧できる対象を決めておけばその人達だけで確認することができる。だから、少額の金銭の貸し借りや大口の住宅ローン、または株式ＩＰＯや投資信託・ファンドなど、贈与や相続、不動産売買などあらゆる契約に将来使われることが考えられる。そうなれば、それを仲介する企業は役割をなくす。金融機関に限らず、あらゆる会社が淘汰される可能性を秘めているのだ。

ＡＩや仮想通貨によって支配される世界

ＡＩや仮想通貨の世界がこのまま順調に発展するかどうか、それには政府の意向が色濃く反映される。場合によっては、法律改正を迫られることも出てくるだろう。その前に仮想通貨の普及によって、中央銀行が淘汰されて行くのを政府が黙って見ているかどうかという疑問もある。だから、政府介入の可能性も十分考えられる。しかし、便利であればそれを完全に禁止する制約をかけることは難しい。日本だけで禁止をしても、他の国で規制をかけていなければ世界では使われるだろうし、禁止したことでその国がその分野で置いて行かれることになる。

この章の最後に、ＡＩや仮想通貨がこのまま、いやもっと加速したスピードで普及した世界を考えてみよう。仮想通貨が普及すれば、税体系も変わるだろう。個人対個人で、しかも国をまたいで資金を動かすことができるから、相続税や贈与税はどこまで把握できるかが怪しい。だから、将来廃止されるかもしれない。代わりに所得税や消費税の増税である。ただ、その頃には最新のＡＩを搭載したロボットが仕事を行なうわけだから、所得税は人から取られるのではなく、「ロボット税」という形でＡＩロボットから取られることも考えられる。

一般的な仕事はＡＩにとって代わられる。ＡＩは忘れることがないし、疲れない。さぼることもせず、二四時間あるいはエネルギーの続く限り、動き続けることができる。そうして稼いだお金は、その事業に投資した人に「スマートコントラクト」の仕組みで支払われるだろう。一般の人に対しては、職がないわけだから、ＡＩロボットが納めたロボット税を原資に最低限の生活費が保障される。

こういった時代では、ＡＩに負けずに働いているだけで勝ち組である。ＡＩでは代行できない仕事もあるだろうから、そういった仕事を行なっている人は強い。結論としては、ＡＩと仮想通貨によって、富める人はほんの一握りになり、それ以外の圧倒的多数の人がＡＩロボットによって納められたロボット税で最低限の生活をつつましく暮らしている可能性があるということだ。

ＡＩや仮想通貨が普及するとはこういうことで、決してバラ色の未来ではないのだ。

第四章

二〇二四年
――南海トラフ巨大地震と富士山大噴火

日本は世界有数の地震・火山大国

日本は、世界有数の地震大国だ。世界で発生するマグニチュード（M）6以上の地震の二〇%が、日本の周辺で発生しているという。二〇一一年に東日本大震災をもたらした超巨大地震を含め、M8以上の巨大地震は数十年あるいは数百年といった周期でほぼ同じ地域で起きている。地震は予知こそ難しいものの、発生のメカニズムについては大分解明が進んでいる。発生時期の特定は困難でも、近い将来の発生はほぼ確実と言える大地震はいくつも控えているのだ。

また、日本は世界有数の火山大国でもあり、国内には一〇〇を超える活火山が存在する。世界には一五〇〇を超える活火山があるが、そのうちの七%が日本に集中している。この狭い国土にこれほど多くの活火山が集中しているのだから当然と言えば当然だが、毎年のように国内のどこかで噴火が起きている。

二〇一四年に発生した御嶽山噴火では五八名が死亡し、日本における戦後最悪の火山災害となった。しかし、歴史を遡れば御嶽山噴火をはるかに上回る大規模な噴火は日本でも幾度となく発生しており、その度に多くの人命が失われ、時にその地の文明そのものを滅ぼすほどの被害をもたらした。地震と同様、火山噴火についても、そう遠くない将来に私たちの生活を脅かすような大災害は起こり得ると考えておくべきだ。

東南海地震と富士山の噴火についても、近い将来に起こり得る——と言うよりも、「必ず起こる」と言った方が良いだろう。誰もが気になるのが、果たしてそれがいつ起こるのか？　という点だろう。

プレートの境界に位置する日本列島

私たちが住む地球の表面は、「プレート」と呼ばれる十数枚もの岩盤に覆われている。プレートは厚さ数十キロメートル～一〇〇キロメートルもある分厚く堅い岩盤で、一年間に数センチメートルというゆっくりとした速度で地球の表面を移動している。それぞれのプレートが動けば当然、プレート同士でぶつかったり、離れたり、すれ違ったりと、互いに影響し合うことになる。Ｍ９以上の超巨大地震の多くは、これらのプレートの動きが引き起こす。特に、プレート同士がぶつかる場所では互いに押し合ったり、一方のプレートがもう一方のプレートの下に沈み込んだりする。プレート同士がぶつかる摩擦により歪みが蓄積され、やがてその歪みが限界に達すると、プレートは元に戻ろうと急激に動き、巨大な地震や津波が発生するのである。そのため、大きな地震はプレートの境界付近に集中している。このような仕組みで発生する地震は、「プレート境界地震」または「海溝型地震」と呼ばれる。

そして、日本は実に四枚ものプレートがひしめき合う、その境目に位置しているのである。大きく捉えると、北米プレートとユーラシアプレートがぶつかり合い、その下に太平洋プレートとフィリピン海プレートが沈み込む構図だ。ただし、実際にはこれら四枚のプレートはかなり複雑に入り組んでいる。

フィリピン海プレートは、主にユーラシアプレートの下に沈み込み、一部は

世界のプレートの分布

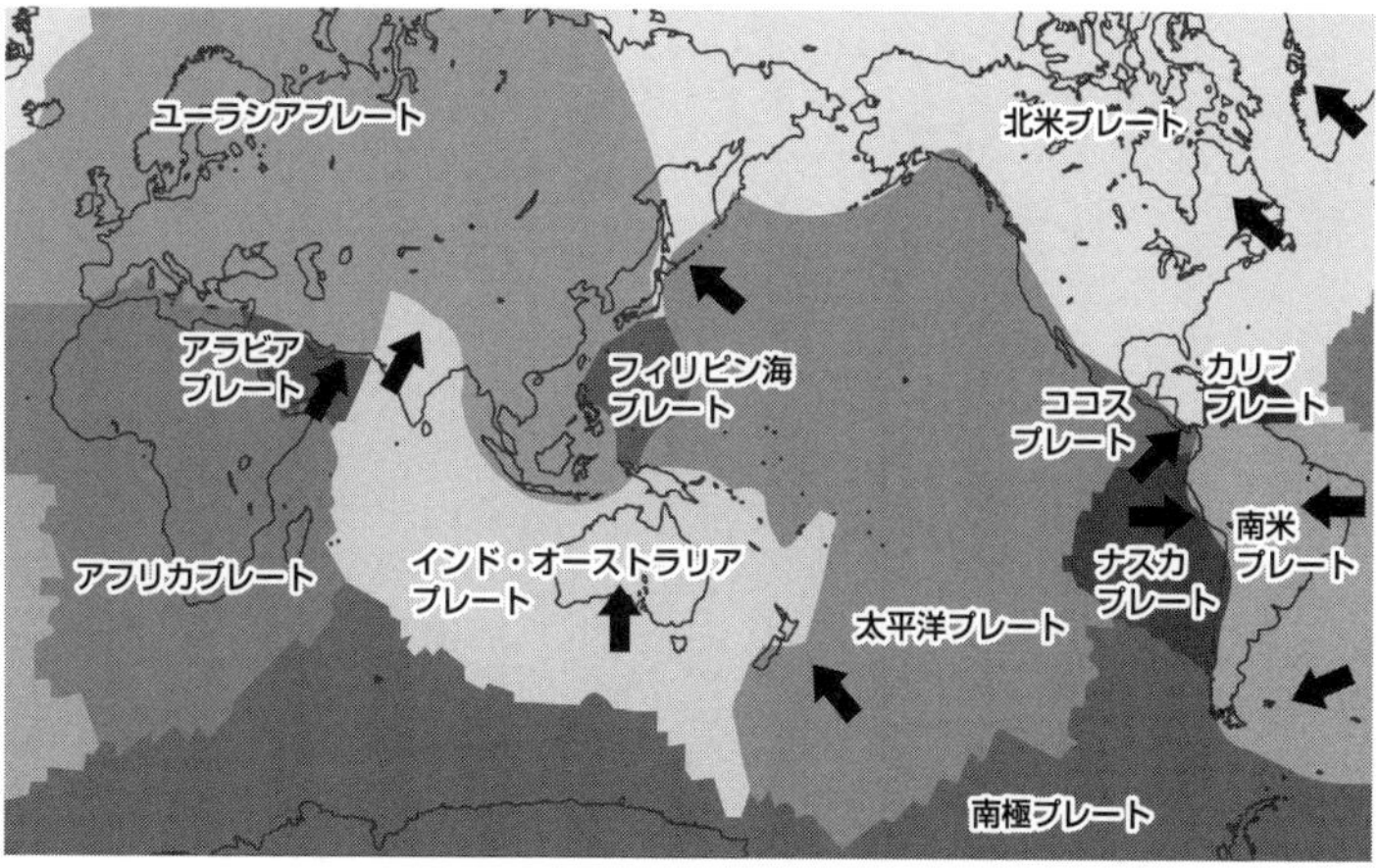
ユーラシアプレート
北米プレート
アラビア
プレート
フィリピン海
プレート
カリブ
プレート
ココス
プレート
南米
プレート
アフリカプレート
インド・オーストラリア
プレート
ナスカ
プレート
太平洋プレート
南極プレート

北米プレートの下に沈み込んでいる。太平洋プレートは、北米プレートとフィリピン海プレートの下に沈み込んでいる。特に、南関東付近はより複雑な構造になっており、北米プレートの下にフィリピン海プレート、さらにその下に太平洋プレートが沈み込んでいる。大きな地震が発生するのも当然の環境であり、実際、歴史を振り返れば、巨大地震は何度も発生している。

しかも、プレート境界地震にはほぼ同じエリアで周期的に発生する性質がある。プレート境界地震の場合、プレート同士がぶつかることで歪みが蓄積し、その歪みが限界に達するとプレートが元に戻ろうと急激に動き、地震が発生することはすでに述べた。しかし、それで終わるわけではない。地震の発生により溜まっていた歪みは解消されるがプレート自体は動き続けているため、再び歪みは蓄積されて行く。この歪みもやがて限界に達し、プレートが急激に動き地震が発生する。数十年~数百年という周期でこれが繰り返されているのだ。

東日本大震災をもたらした「東北地方太平洋沖地震」では、太平洋プレートが北米プレートの下に沈み込み、歪みが蓄積されていた。ついにその歪みに耐

日本列島周辺のプレート

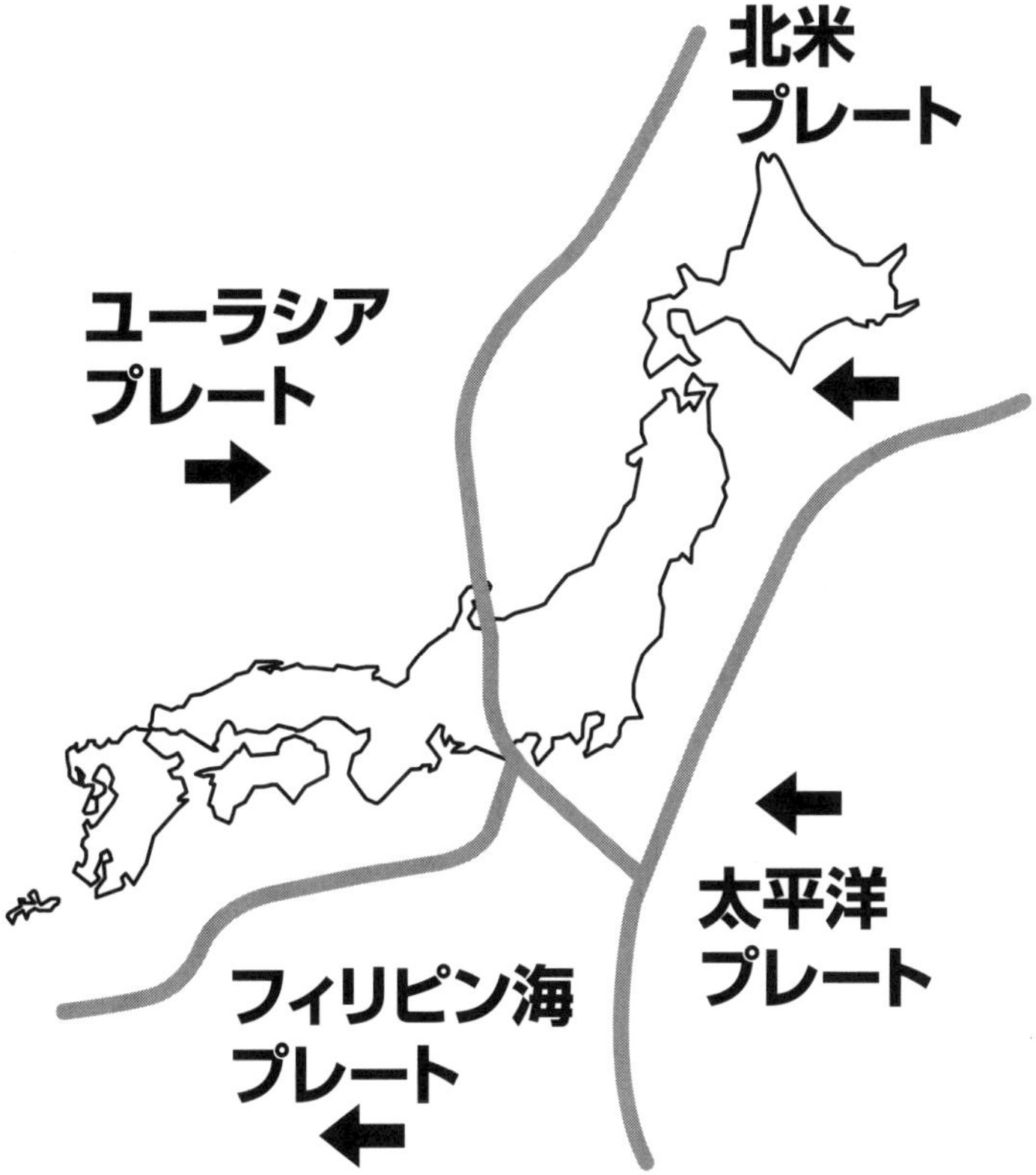

えきれなくなった北米プレートが一気に跳ね上がったことで、M9という超巨大地震と大きな津波がもたらされたのである。宮城県沖の大地震については予測されてはいたものの、その規模はM8クラスであった。「どちらも巨大地震には違いないし、M8もM9もそれほど違わないのでは？」と思われるかもしれない。ところが、両者にはとんでもない差がある。

マグニチュードは1上がると、地震のエネルギーは約三二倍にもなる。つまり、M9とM8の地震では、三〇倍以上ものエネルギーの差があるのだ。M9とM7との間には約一〇〇〇倍、M9とM6との間には約三万二〇〇〇倍ものエネルギーの差があるということになる。ちなみに、M9クラスの地震は「超巨大地震」と位置づけられるが、二〇世紀以降、世界で五回発生している。そのうちの一つが東北地方太平洋沖地震というわけで、あの地震が歴史的に見てもいかに大規模なものであったかがわかる。

ところで、「マグニチュード」と「震度」という言葉は、地震が発生すると必ず報じられるから、聞いたことがないという人はまずいないだろう。ただ、両

マグニチュードが1上がるとエネルギーは約32倍になる

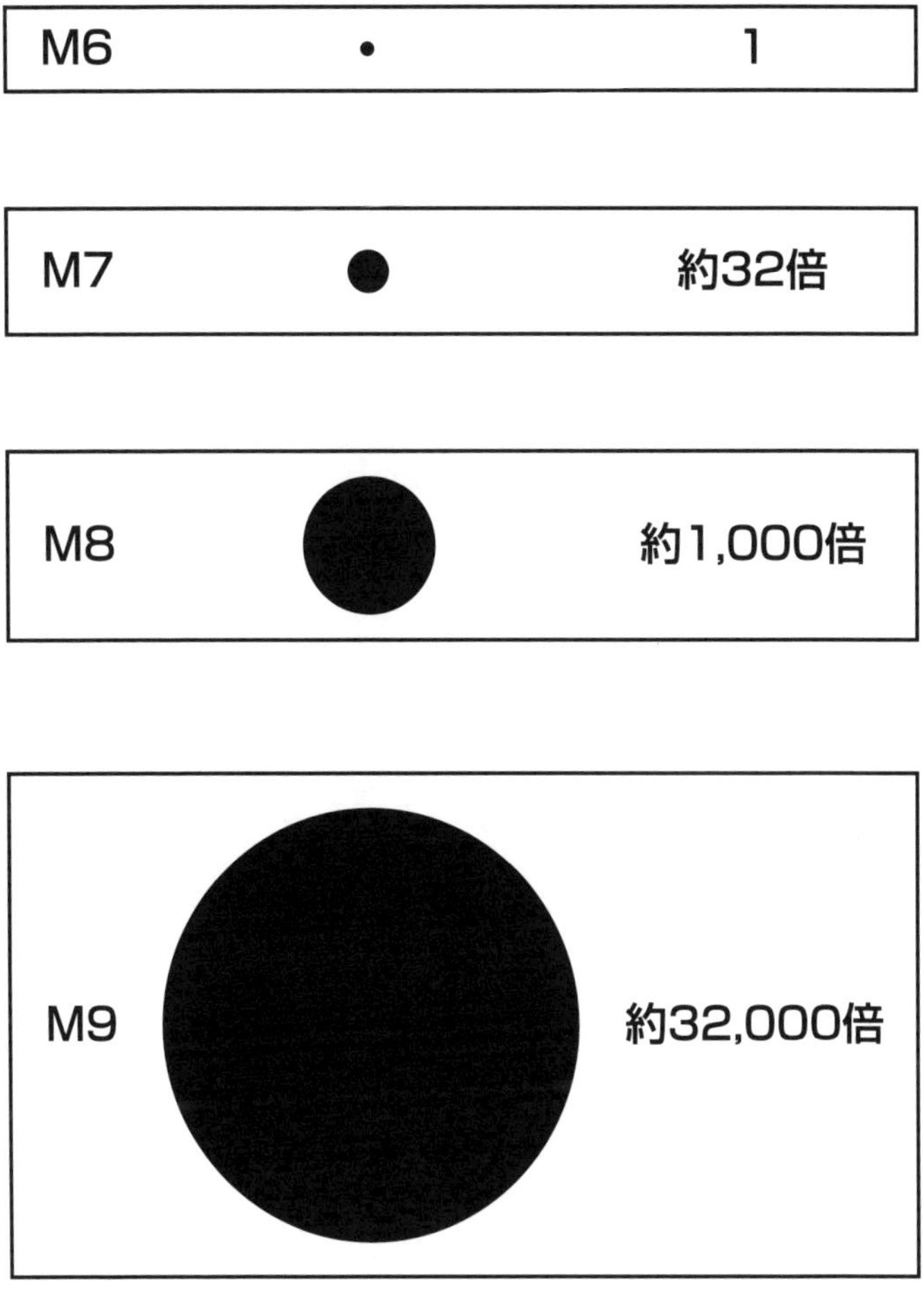

者の違いをきちんと理解している人は多くはないだろう。マグニチュードにしても震度にしても、数値が大きいほど「大変だ」ということは理解できるものの、両者の違いは一般の人にとってわかりにくい部分だ。

マグニチュードは地震そのものの規模、つまり大きさを示す。それに対して震度は、地震が起きた時のある場所での揺れの強さを示す。両者の関係はよく電球そのものの明るさと、その周りの明るさにたとえられる。電球そのものの明るさがマグニチュード、電球周辺のある場所の明るさが震度に相当するというわけだ。電球そのものが明るいほどその周辺も明るくなるが、電球から遠ざかるほど暗くなって行く。それと同じように、マグニチュードが大きいほど地震を引き起こすエネルギーは大きくなるが、震源から遠ざかるほど震度は小さくなる。

電球のたとえからもイメージできると思うが、マグニチュードは一つの地震について一つの数値が決まる。それに対して、震度は場所によって異なるわけだ。東北地方太平洋沖地震を例にとれば、マグニチュードは9であり、震度は宮城県栗原市の震度七が最大で、東京都心では震度五強あるいは五弱、鹿児島県鹿児島市では震度一であった。

国内で確認される二〇〇〇もの活断層

プレートの境界は地震の多発地帯であるが、地震はプレートの境界だけで発生するわけではない。プレート同士がぶつかり合うことでプレート境界に歪みが生じるが、歪みはプレート内部にも生じる。プレートが圧迫されるわけだから当然だ。プレート内部の歪みが大きくなると、岩盤の弱い部分が破壊される。圧迫された結果、プレート内部の岩盤にはいくつもの割れ目が生じる。この割れ目沿いに両側の岩盤がズレ動いたものが「断層」である。

この断層が急激に動くと、地震が発生する。そのため、プレート境界から遠く離れた地域でも地震は発生するわけだ。断層は数センチメートルのものから数百キロメートルにおよぶものまである。断層のうち、第四紀後半（最近一〇〇万年くらい）に繰り返しズレ動いた形跡があり、今後も活動し地震を起こす可能性のあるものを「活断層」と呼ぶ。

このように、プレート内の活断層で発生する比較的震源の浅い地震を「直下型地震」または「内陸地震」と呼ぶ。活断層は普段は断層面が固着し安定しているが、圧迫されることで歪みが生じ、歪みが限界に達すると岩盤が壊れ、断層がズレることで地震が発生する。地震の発生により一旦歪みは解消され、活断層は安定を取り戻す。しかし、その後も活断層への圧迫は続き、歪みが蓄積されて行く。そして、歪みが限界に達すると再び断層がズレ、地震が発生する。この繰り返しのサイクルは、プレート境界地震とよく似ている。

しかし、プレート境界地震と直下型地震には、その特徴に大きな違いがある。プレート境界地震は震源域が広く、規模が大きい。ゆっくりと大きな揺れが長く続くという特徴がある。巨大地震や大きな津波を引き起こすことが少なくない。一方、直下型地震はプレート境界地震と比べると狭い範囲で発生し、規模も小さい。内陸での直下型地震では、津波が発生する可能性は低い（断層が海

プレート境界地震は繰り返し発生する

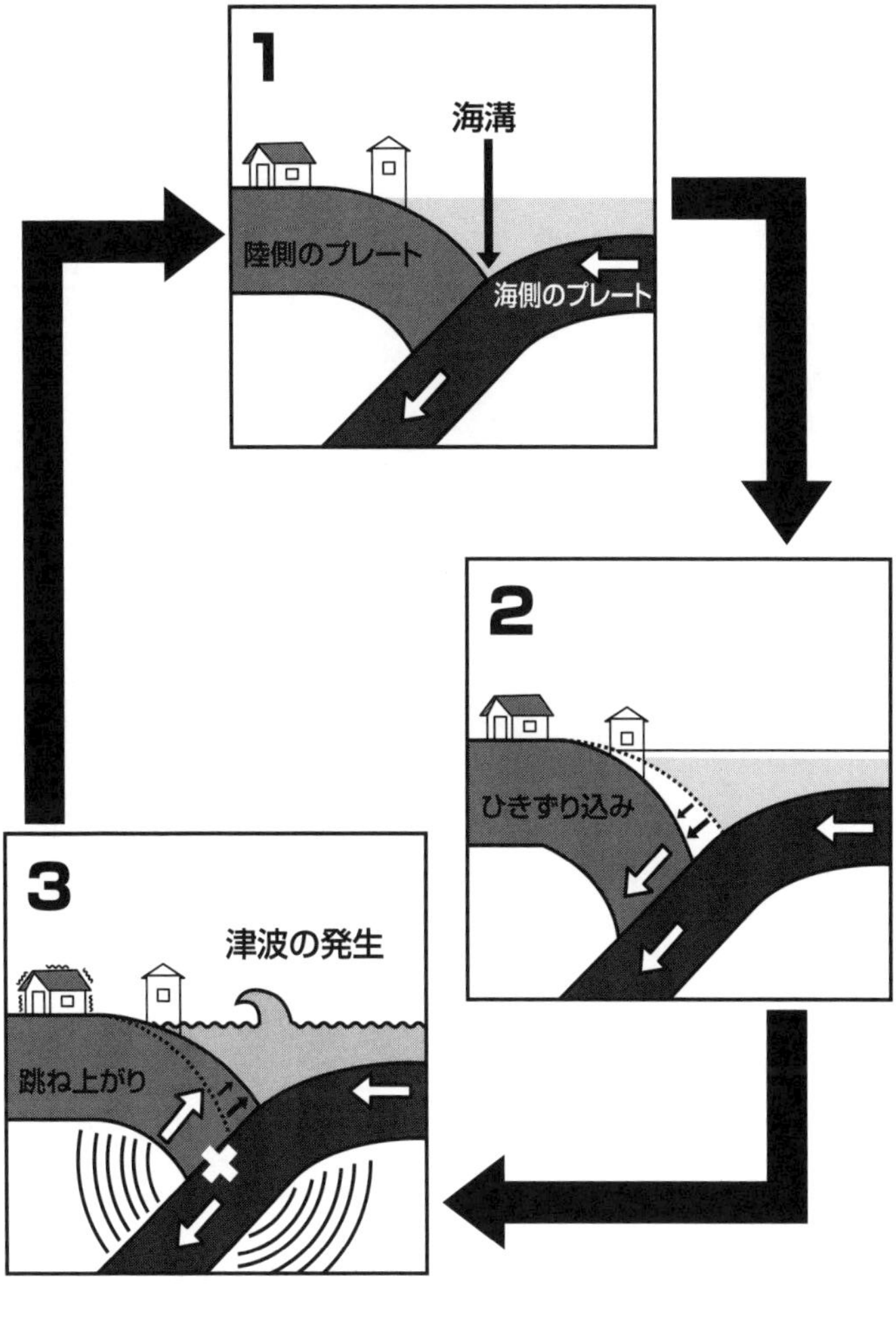

域にまでおよぶ場合などは津波が発生することもある）。

このように比較すると、恐ろしいのはプレート境界地震であり、「直下型地震は恐れるに足らず」とも思えるが、そんなことはない。直下型地震は文字通り、人が生活する直下で発生しうる。規模は小さくても震源が近い分、震度の大きな地震になりやすい。震源が浅かった場合、下から突き上げるような激しい揺れに見舞われることがある。また直下型地震の場合、緊急地震速報が十分に機能しにくいという面があり、これも防災面では不利になる。直下型地震は一般に震源までの距離が近く、地震発生から大きな揺れが来るまでの時間が短いため、緊急地震速報が発表された時にはすでに揺れていた、ということも少なくない。

私たち日本人にとってもっともよく知られた直下型地震は、一九九五年に発生し阪神・淡路大震災をもたらした「兵庫県南部地震」だろう。この地震はM7・3、最大震度七を記録し、死者・行方不明者六四三七人という甚大な被害をもたらした。当時、倒壊した高速道路や潰れて大きく傾いたビル、町のあちこちで発生する火災など被災地の惨状が連日報道され、大都市で発生する直下型地震の恐ろしさを改めて認識させられた。

その後も二〇〇四年には「新潟県中越地震」、二〇〇八年には「岩手・宮城内陸地震」、さらに二〇一六年には「熊本地震」など直下型地震は何度も発生し、多くの被害をもたらしている。

日本では直下型地震が頻繁に起きるため、活断層が活発に動いている印象があるが、一つの活断層がもたらす大地震の発生間隔は一〇〇〇年〜数万年と言われる。数十年〜数百年というプレート境界地震の発生間隔よりもはるかに長いのである。ただ、一つ一つの活断層については頻繁にはズレ動かないとしても、日本国内には非常に多くの活断層があるため、直下型地震の発生は珍しくないのだ。現在、日本国内には二〇〇〇以上の活断層が確認されているが、まだ見つかっていない活断層も多く存在すると言われている。

活断層は断層の動き方のタイプにより、「逆断層」「正断層」「横ズレ断層」の三種類に分類される。逆断層は、傾斜した断層面に沿って上側の地層がずり上がるタイプだ。正断層は、傾斜した断層面に沿って上側の地層が滑り落ちるタイプだ。逆断層と正断層がいずれも縦ズレタイプであるのに対して、横ズレ断層は文字通り横ズレタイプである。横ズレ断層では、断層面がほぼ垂直で、地層が水平方向にすれ違うように動く。断層の手前から見て、向こう側の地層が右にズレ動くものは「右横ズレ断層」、左にズレ動くものは「左横ズレ断層」と呼ばれる。ただし、実際の断層は単純に縦ズレタイプあるいは横ズレタイプに分けられるものは珍しく、斜めにズレ動くものが多いという。

また、地層が軟らかい場合などは、地層がズレずに曲がったり、撓《たわ》んだりする場合もある。地層が波状に変形するものは「褶曲《しゅうきょく》」、地表近くの地層が撓んでいるものは「撓曲《とうきょく》」と呼ばれる。

このように、日本列島は四つのプレートの境目に位置することからプレート境界地震が周期的に発生し、確認されているだけで二〇〇〇もの活断層が存在するため直下型地震も頻繁に発生する。私たち日本人は、地理的に見て地震が多く発生して当然、という場所で生活しているのである。

活断層の形

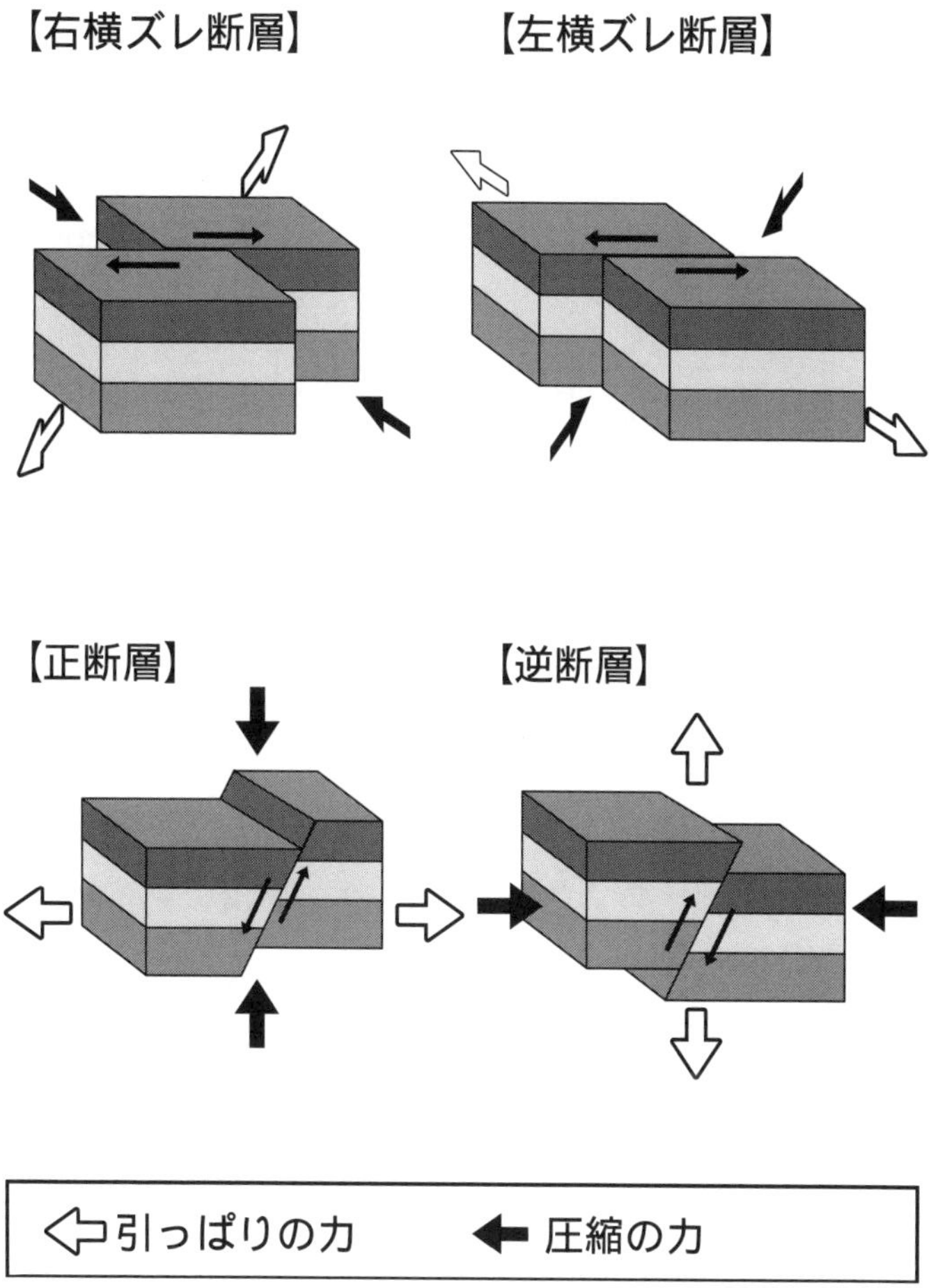

簡単ではない地震予知

地震が非常に多く発生するとしても、その予知ができれば被害はずっと少なくすることができるに違いない。台風被害にしても、観測技術や解析技術の発達により精度の高い予想ができるようになった現在は、台風による人的被害は著しく減少した。しかし、地震については予測が簡単ではないのはご存じの通りだ。

確かに、プレートが動くことによりプレート境界や活断層に歪みが蓄積し、それが解放されることで地震が発生するまでには周期があるため、正確な日時の予測は無理だとしても、「○年以内にマグニチュード○以上の大地震が発生する確率は○%」といった大まかな予測はすでに行なわれている。この程度の予測では「地震発生前に避難する」といった対応はできないが、とりあえずいつ大きな地震が発生しても不思議ではないと警戒し、防災意識を高める効果はあ

褶曲と撓曲

褶曲（しゅうきょく）

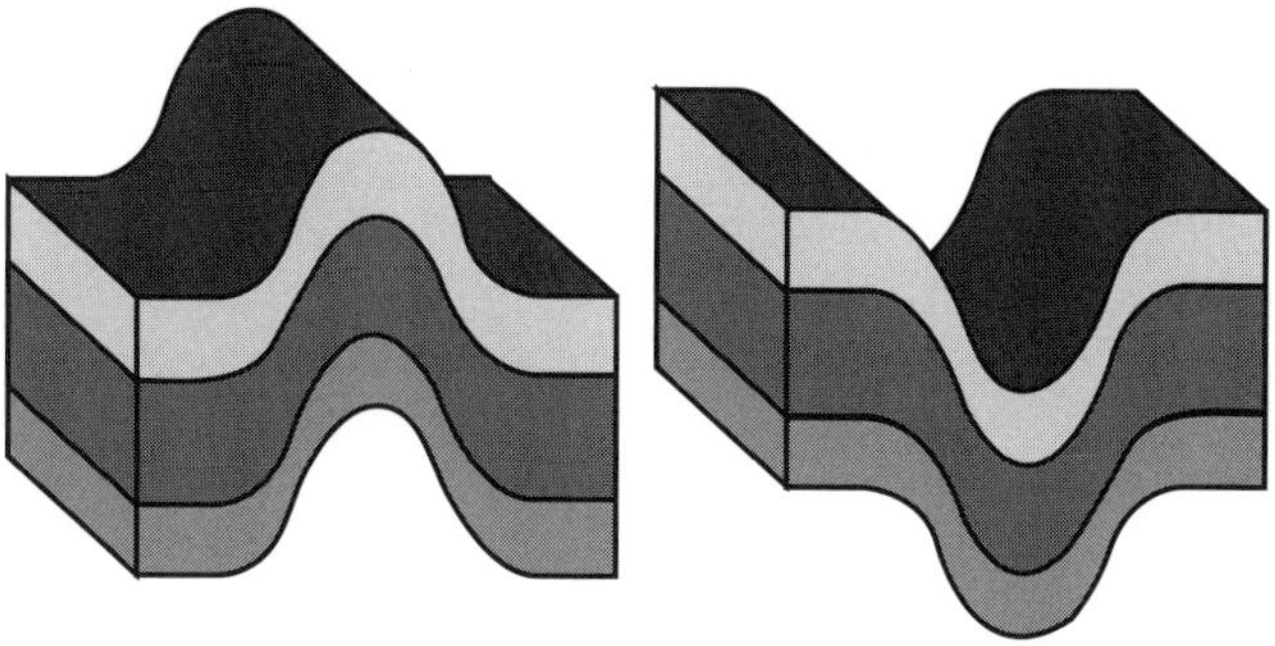

撓曲（とうきょく）

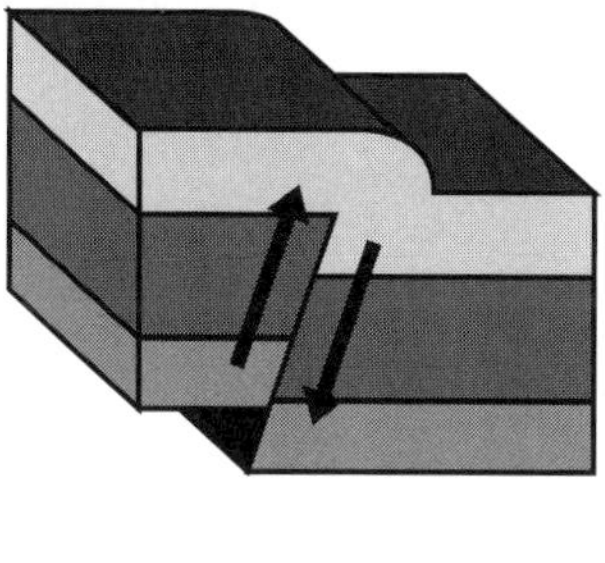

るだろう。

では、公表されている地震発生確率が低かったり、そもそも確率自体が公表されていない地域は心配ないかと言えば、そんなことはまったくない。実際、二〇一六年の熊本地震を引き起こした布田川断層帯において、三〇年以内にM7級の地震が発生する確率は一％未満であった。このようなデータを示されれば、たいていの人は「まず心配いらない」と思うだろう。

確率はゼロではないにしても、これほど低い確率のリスクに対しコストや労力をかけて備えるというのは決して常識的な判断とは言えないだろう。もし、国や自治体がそのようなものに予算を厚く配分しようものなら、厳しい批判に晒されるのは間違いない。

しかし、熊本地震は発生した。最大震度は一九九五年の兵庫県南部地震と同じ震度七を記録する大地震となった。この例が示すように、地震の発生確率について過信は禁物だ。発見されていない活断層もあると考えられており、いつ、どこで大きな地震が発生しても不思議ではない。

懸念される巨大地震

世界的にも地震の多発地帯である日本で、発生が懸念される地震はいくつもある。首都直下地震もその一つだ。関東地方にも多くの活断層が存在しており、それらの活断層が直下型地震を引き起こし、首都圏に大きな被害をもたらすことが懸念されている。過去にも一八五五年に「安政江戸地震」、一八九四年に「明治東京地震」が発生している。また、直下型地震ではないが、一九二三年の関東大震災では東京都や神奈川県など南関東を中心に一〇万人を超える人々が死亡あるいは行方不明になるなど、大きな被害に見舞われた。

二〇一三年一二月には、中央防災会議が首都直下地震の被害想定について最終報告を公表している。それによると、都心南部で風速八メートルの風が吹く冬の夕方にＭ７・３の地震が発生したとすると、最大震度は七を記録し、死者数は最大で二万三〇〇〇人、経済被害は九五兆円にのぼるという。首都・東京に大きな被害がおよぶ点で、首都直下地震はわが国にとって極めて重大なリスクであることは言うまでもない。

しかし、現在この首都直下地震発生をはるかに上回る被害をもたらす巨大地震の発生が懸念されている。それこそ「南海トラフ巨大地震」である。ユーラシアプレートの下にフィリピン海プレートが沈み込む部分には、水深四〇〇〇メートル級の巨大な海底の溝がある。これが「南海トラフ」であり、大規模な地震発生帯となっている。南海トラフはプレート境界地震を引き起こすのだ。

ちなみに、「東北地方太平洋沖地震」を引き起こした北米プレートの下に太平洋プレートが沈み込む部分には、「日本海溝」がある。海溝もトラフも海底にある溝であるが、沈み込みが六〇〇〇メートルより深いものは「海溝」、浅いものは「トラフ」と呼ばれる。

南海トラフでは、フィリピン海プレートがユーラシアプレートを引きずり込みながら、その下に沈み込んでいる。その結果、ユーラシアプレートには歪みが蓄積し、やがて限界に達するとユーラシアプレートが跳ね上がり巨大地震を引き起こす。すでに述べたように、プレート境界地震はほぼ同じエリアで周期的に発生する性質がある。もちろん、南海トラフ巨大地震も例外ではない。フィリピン海プレートの沈み込みの速度は年に数センチメートル程度とおおむね一定であるため、南海トラフを震源域とする大地震は大体九〇〜一五〇年の間隔で発生してきた。南海トラフは静岡から九州東方沖まで伸びており、その長さは七〇〇キロメートルにおよぶ。南海トラフで発生するプレート境界地震は震源域により、「東海地震」「東南海地震」「南海地震」の三つに分けられる。駿河湾から遠州灘中部を震源域とするのが東海地震、遠州灘から紀伊半島沖（潮岬の東側）を震源域とするのが東南海地震、そして紀伊半島沖（潮岬の西側）から四国南方沖を震源域とするのが南海地震である。

繰り返し発生してきた「南海トラフ巨大地震」

南海トラフ巨大地震は、これまで何度も発生している。記録が残っている最初の南海トラフ巨大地震は、六八四年に発生した「白鳳地震」である。白鳳地震による被害の様子は、日本最古の歴史書である「日本書紀」に記述がある。建物の倒壊や液状化現象、津波の襲来など土佐や伊予を中心とする被害の記録から、紀伊半島沖から四国沖を震源域とする南海地震と考えられていたが、発掘調査によりほぼ同時期に東海地震および東南海地震が発生していたことがわかっている。マグニチュードについては正確な記録はないが、少なくともM8は超えていたと推定されている。東海・東南海・南海の三連動地震であれば、M9以上の超巨大地震であった可能性も指摘されている。

白鳳地震から約二〇〇年が経過した八八七年には、「仁和地震」が発生する。仁和地震は「日本三代実録」に記録があり、白鳳地震と同じく南海地震であったと考えられるが、発掘調査により東海地震および東南海地震の震源域でも地震が発生していた可能性も指摘されている。マグニチュードは8~8・5と推定され、京都では建物の倒壊により多くの人が圧死し、摂津では津波の被害が甚大であったという。

次に発生した南海トラフ巨大地震は、一〇九六年の「永長地震」である。仁和地震のあと、やはり約二〇〇年の時を経て発生した。震源域は紀伊半島の東側から遠州灘、つまり東南海地震であったことは確実視されているが、さらに駿河湾まで震源域がおよんでいた可能性もあるという。数値の精度は高くないが、Ｍ８～８・５と推定される。伊勢や駿河を津波が襲い多くの家屋が破壊、流失したという記録がある。

そして、永長地震の二年二ヵ月後の一〇九九年には南海道沖で「康和地震」が起きている。やはり数値の精度は高くないが、Ｍ８～８・３と推定される。津波発生の記録はないものの、土佐で田畑が一〇平方キロメートルに亘り水没したという記録から津波の発生が推定されている。康和地震を南海地震とすれば、永長地震との時間差連動と考えられ、合わせて「永長・康和地震」と呼ばれる。しかし康和地震は南海地震ではなく、永長地震が南海地震をも含む連動型地震であると考える専門家もいる。

永長・康和地震から約二六〇年後、再び南海トラフ巨大地震が襲う。一三六一年の「正平地震」である。正平地震についても十分な記録がなく、はっきりしない部分が多くある。マグニチュードは8・2~8・4程度と推定する専門家が多い。紀伊半島から四国沖を震源域とする南海地震であると考えられているが、この地震に前後して多数の地震が発生した記録があり、発掘調査や資料の解釈などから東南海地震も連動していた可能性も指摘されている。畿内の寺社に多くの被害があり、摂津、阿波、土佐では津波により多くの家屋が流失し、多数の人が亡くなった。

なお、永長・康和地震から正平地震までの間隔は約二六〇年と南海トラフ巨大地震の平均的な間隔よりも長いため、この間にも記録にない南海トラフ地震が発生していた可能性も考えられるようだ。

正平地震の次の南海トラフ巨大地震は、一四九八年に発生した「明応地震」である。震源域は東海道沖とされ、東海および東南海における地震と考えられているが、南海地震が連動して発生したという説もある。揺れによる被害は比較的軽微だったものの、津波の被害は大きかったようだ。紀伊半島から房総にかけて広範囲で津波が押し寄せ、伊勢・志摩では一万人もの人々が亡くなったという。浜名湖は、この時の津波により海とつながった。

この時の津波により大きな被害を受けた地域に、三重県鳥羽市国崎町がある。志摩半島の東端部に位置する町だ。最大波高一五メートルの津波に襲われ、海岸近くにあった「大津」という集落は壊滅的な被害を受けた。地震後、生き残った大津集落の住民たちは大津を放棄し、高台にある国崎に集団移住した。驚くのは、その後五〇〇年間現在に至るまで、ほとんどの住民が高台で生活を続けたということだ。

放棄された大津集落は、現在は存在しない。集落があった場所は、現在の国崎漁港をすぐ目の前に見る小さな平地だ。その場所をグーグルアースの画像で見てみると、二軒ほどの旅館や民宿を残す以外は田畑や空き地が広がる。一方、高台の国崎には所狭しと家屋が立ち並ぶ。漁師たちは長年、土地が狭く高台にある国崎から浜まで通ってきたという。日々の不便さを承知で津波の危険を回避しているのだ。その甲斐あって、その後の南海トラフ巨大地震発生の際には津波による死者を少数に抑えることができたという。

人間は、ややもすると頻繁には起こらないリスクへの備えよりも日常の便利さや快適さを優先しがちだ。大きな津波により多くの人たちが命を落とした東日本大震災から約七年が経過した。時間の経過と共に震災の記憶が薄らいでいくのはやむを得ないことかもしれないが、私たちの防災への意識も低下していないだろうか？　この国崎町の例は、本当に良いお手本と言えるだろう。

次の南海トラフ巨大地震は、一六〇五年の「慶長地震」である。津波が犬吠埼から九州に至る太平洋岸を広範囲に襲い、各地に甚大な被害をもたらし一万人もの人々が亡くなったという。この地震の特徴は、津波の被害が大きかったにも関わらず陸地の揺れが小さく、揺れによる被害が少なかったことだ。このことから、地震の規模の割に大きな津波が発生する「津波地震」であったと考えられている。ただし、この地震は震源や被害規模など不明な点が多い。東南海および南海における地震と考えられてきたが、伊豆小笠原海溝付近を震源とする説や遠地で発生した地震という説など異論もある。

慶長地震から約一〇〇年後、南海トラフで発生した地震では最大規模の巨大地震が発生する。一七〇七年の「宝永地震」である。東海道沖から南海道沖を震源域とし、東海地震・東南海地震・南海地震の三つが連動して発生したと考えられている。南海トラフのほぼ全域に亘りプレートが動き、マグニチュードは8・4～8・6と推定されるが、M9を超えていた可能性も指摘されるなど記録的な巨大地震となった。静岡県から四国に至る広範囲の地域が震度六以上の激しい揺れに見舞われ、最大震度は七であった。房総半島から九州に至る太平洋岸を、大きな津波が襲った。特に、最大波高二六メートルもの大津波が押し寄せた土佐湾沿岸の被害は甚大で、土佐では一万一〇〇〇戸もの家屋が流失し、死者は一八〇〇人にのぼった。結局、宝永地震は死者約二万人、倒壊家屋約六万戸、流出家屋約二万戸もの被害をもたらした未曽有の大災害となった。

宝永地震から一五〇年近くが経った一八五四年には、「安政東海地震」と「安政南海地震」が発生した。安政東海地震は東海道沖を震源域とするM8・4の巨大地震で、東海地震に加え東南海地震の領域も含まれていたと考えられている。東北南部から四国に至る広範囲で震度四以上の地域が相次いだ。

特に駿河湾岸や甲府盆地では大きな揺れに見舞われ、最大震度は七を記録した。沼津から伊勢湾岸にかけて多数の家屋が倒壊したり、火災により焼失した。房総半島から土佐に至る沿岸地域に津波が押し寄せ、各地に大きな被害をもたらした。伊豆半島の下田では、湾内に停泊していたロシアの軍艦「ディアナ号」が津波により大破した。

安政東海地震の翌日、わずか三二時間後に今度は南海道沖を震源域とするM8・4の巨大地震、「安政南海地震」が発生した。高知、徳島、兵庫、和歌山などで震度六弱以上の激しい揺れを記録した。紀伊半島から九州東部にかけての沿岸を津波が襲った。特に、和歌山や高知の一部では波高が一五メートルを超えた。前日の東海地震による津波で壊滅した下田にも、二メートルの津波が襲来した。また津波は太平洋を渡り遠くアメリカ西海岸まで達し、サンフランシスコやサンディエゴでも津波が観測された。この地震と津波により、数万の家屋が倒壊、消失、あるいは流出し、三〇〇〇人もの人が亡くなった。

ちなみに、かつて国語の教科書に掲載された「稲むらの火」は、安政南海地震による津波発生の際の出来事をもとにした物語である。概要を紹介しておこう。「地震の揺れを感じた庄屋の五兵衛が海に目をやると、そこには不気味な光景が広がっていた。波が沖へと動いて行き、海底の砂や岩が現れたのだ。五兵衛は津波の襲来を直感し、自分の田にある刈り取ったばかりの稲むら（稲の束）に火をつけた。火事に気付いた村人は、消火のために続々と高台に集まった。そこで村人たちは、恐ろしい光景を目にする。荒れ狂う津波が眼下の村に押し寄せてきたのだ。こうして村人たちは、五兵衛の機転により津波から逃れることができた」。

また、安政南海地震の四〇時間後には、豊予海峡を震源とするM7・4の「豊予海峡地震」、さらに翌年の一八五五年には江戸直下でM6・9～7・4の「安政江戸地震」が起きており、安政年間には国内で大地震が多発した。

安政東海地震および安政南海地震から約九〇年後、再び南海トラフ巨大地震が発生した。一九四四年の「昭和東南海地震」である。紀伊半島南東部の熊野灘を震源とするＭ７・９の地震で、御前崎市や津市で最大震度六を記録した。伊豆半島から紀伊半島にかけての沿岸を津波が襲い、震源に近い尾鷲市など熊野灘沿岸地域に壊滅的な被害をもたらした。この地震と津波により、三重県、愛知県、静岡県を中心に一二二三名が死亡または行方不明となり、数万の家屋が倒壊や流失などの被害をうけた。

昭和東南海地震の二年後の一九四六年には、「昭和南海地震」が発生している。震源は紀伊半島南方沖でＭ８、最大震度は六の巨大地震となり、近畿から九州にかけての西日本を中心に甚大な被害をもたらした。房総半島から九州に至る太平洋岸を広範囲に津波が押し寄せた。波高は三重、徳島、高知の沿岸で四〜六メートルほどであった。

それまでに発生した南海地震と比べると、被害規模は比較的小さかったと言われるが、それでも和歌山、徳島、高知を中心に多くの人々が犠牲になった。死者・行方不明者は一三三〇人にのぼり、そのうちの約半数は高知の人々であった。昭和南海地震は、昭和東南海地震との時間差連動と考えられている。

南海トラフ巨大地震は何度も起きている！

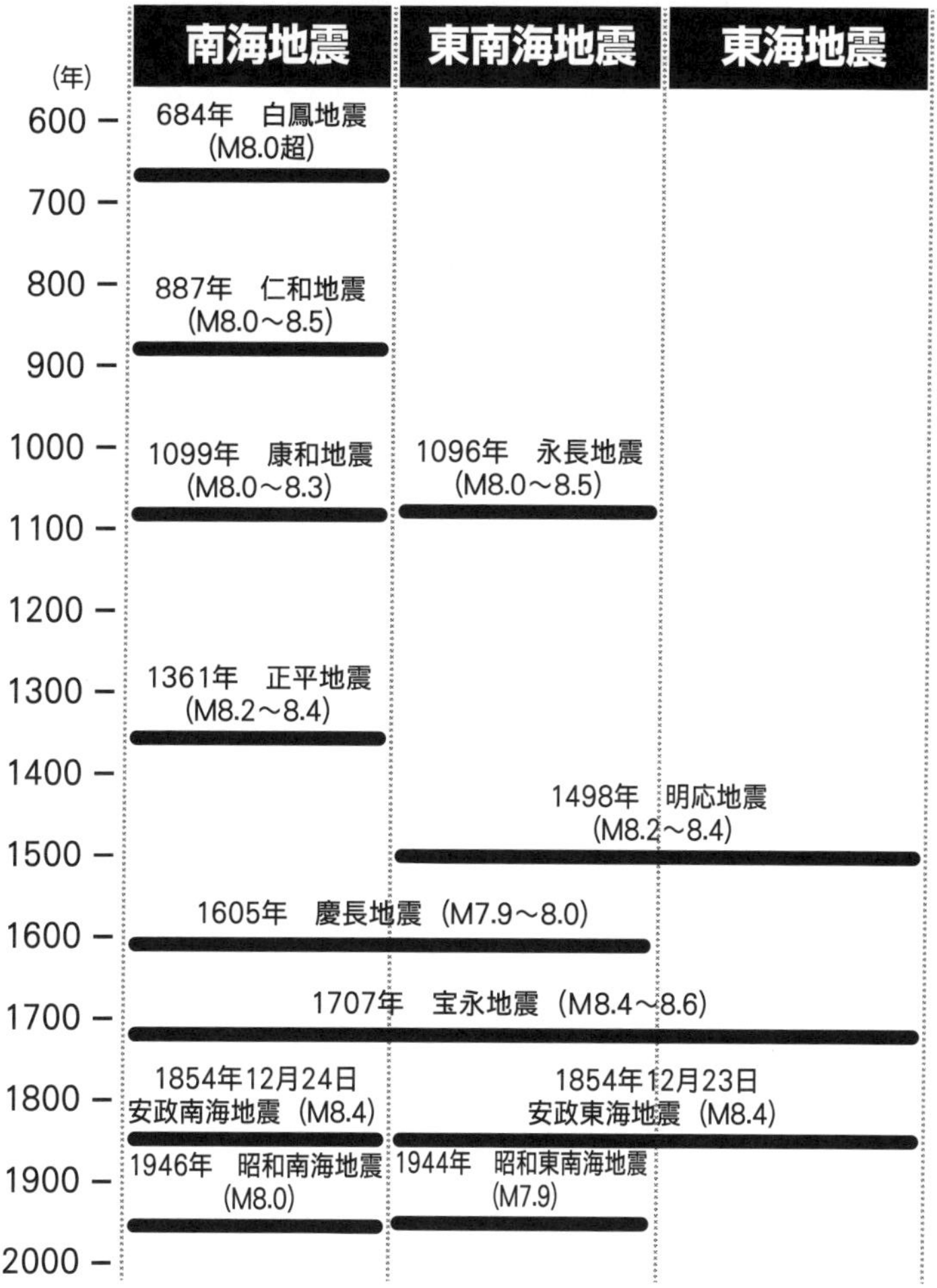
南海地震
東南海地震
東海地震
(年)
600
700
800
900
1000
1100
1200
1300
1400
1500
1600
1700
1800
1900
2000
684年　白鳳地震
(M8.0超)
887年　仁和地震
(M8.0～8.5)
1099年　康和地震
(M8.0～8.3)
1096年　永長地震
(M8.0～8.5)
1361年　正平地震
(M8.2～8.4)
1498年　明応地震
(M8.2～8.4)
1605年　慶長地震（M7.9～8.0)
1707年　宝永地震（M8.4～8.6)
1854年12月24日
安政南海地震（M8.4)
1854年12月23日
安政東海地震（M8.4)
1946年　昭和南海地震
(M8.0)
1944年　昭和東南海地震
(M7.9)

この昭和南海地震を最後に、南海トラフ巨大地震は起きていない。

これまで発生した南海トラフ巨大地震を振り返ると、その周期性と連動性に大きな特徴があることがわかる。南海トラフ巨大地震は典型的なプレート境界地震であり、これまで周期的に繰り返し発生し、東海・東南海・南海の各地域で同時あるいは時間差をおいて連動して起きてきた。今後も、この傾向は変わらないだろう。

最後の南海トラフ巨大地震である昭和南海地震から七〇年が経過し、南海トラフ近辺のプレートには歪みが蓄積されていると考えられる。そう遠くない将来、その歪みは限界に達し、大地を激しく揺さぶり、大きな津波を引き起こす。

南海トラフ巨大地震は、必ず起きる。私たちはこの運命から逃れることはできないのだ。

南海トラフ巨大地震はいつ起きるのか？

南海トラフ巨大地震の発生が避けられないとして、それがいつ起きるのか誰もが気になるところだ。本章のタイトルにあるように、現時点の私の予測は二〇二四年である。ただし、言うまでもなく地震発生時期の予測は非常に難しく、いつ起きるのかは誰にもわからないことである。

南海トラフ巨大地震については、政府の地震調査委員会が発生確率を予測している。二〇一七年一月一日現在の評価によると、南海トラフ沿いでM８〜９クラスの地震の発生確率は、五〇年以内が「九〇％程度もしくはそれ以上」、三〇年以内が「七〇％程度」、一〇年以内が「二〇〜三〇％」となっている。同委員会は、前の地震から次の地震までの標準的な発生間隔を八八・二年としており、昭和南海地震が起きた一九四六年から単純に数えると、次の地震は二〇三四年ということになる。

ただし、同委員会が予測している一〇年以内の発生確率も侮れない。二〇％という確率は、「あり得ない」と切り捨てられるほど低い確率とは言えない。しかも、実は一年前（二〇一六年一月一日現在）の評価では、一〇年以内の発生確率は「二〇％程度」とされていたが、それが「二〇～三〇％」に引き上げられたのだ。東海・東南海・南海地震のうち、東海地震については一八五四年の安政東海地震以降、一六〇年以上も発生していない。歪みが相当蓄積されており、いつ大地震が発生してもおかしくないと言われているのだ。

東海地震の発生をきっかけに、東南海地震と南海地震が連動して起きる可能性も指摘されている。南海トラフ巨大地震は思いのほか早い時期、たとえば二〇二四年頃に発生したとしても不思議ではないだろう。

南海トラフ巨大地震がもたらす恐るべき被害

南海トラフ巨大地震については、中央防災会議が被害想定を発表している。

二〇一一年の東日本大震災を受け被害想定は大幅に見直された。M9・1の地震が起きた場合、一五一の市町村で震度七を記録、二一の市町村を一〇メートル以上の津波が襲うと想定している。激しい揺れと津波により、二三八万六〇〇〇棟の建物が全壊、死者・行方不明者数は最大で三二万三〇〇〇人、経済被害は二二〇兆三〇〇〇億円にのぼるという。

過去の地震を振り返ってもわかるが、プレート境界地震である南海トラフ巨大地震は、発生すればほぼ確実に津波を伴う。中央防災会議の想定でも、早期避難率が低かった場合、津波による死者は最大で二三万人にのぼるとしている。この被害想定は、東日本大震災をはるかに上回る。南海トラフ巨大地震が発生すれば、強烈な揺れと巨大な津波により、西日本を中心に想像を絶するとてつもない被害がもたらされると考えられる。

生活への影響も甚大だ。地震直後、ライフラインはほぼ全滅となっても不思議ではない。電力、水道、ガスの供給が止まり、電話やメールもつながりにくくなるだろう。交通網も完全に麻痺し、新幹線、在来線ともにほとんどが運休、亀裂や沈下などあちらこちらの道路が損壊し、自動車の通行も困難になるだろう。中部国際空港や関西国際空港など沿岸部にある空港は利用できず、閉鎖される可能性が高い。空港には護岸が設置されているが、地震により破壊されたり、想定を超える津波が襲った場合、滑走路も浸水し、航空機が流される可能性さえある。国交省は、津波高が想定よりも一メートル高かった場合、中部、高知、宮崎の各空港では敷地の大部分が浸水し、関空では海抜が高い二期島を除いて浸水するとしている。

スーパーやコンビニでは、食料品や日用品など多くの商品があっという間になくなるだろう。各地の避難所はどこも避難してきた人たちであふれ、都市部では避難所に収容しきれず、公園などを仮設の避難所として利用せざるを得なくなるだろう。被災地が広範囲におよび輸送手段も限定されるため、食糧や飲料水の配給が遅れたり、十分に行き亘らないことも考えられる。

さらに恐ろしいのが、原発への被害だ。東日本大震災では福島第一原発が津波に襲われ、炉心溶融や建屋の爆発などにより大量の放射性物質が漏れ出す深刻な事故が起きた。

もしも南海トラフ巨大地震の発生により、想定を超える津波が浜岡原発や伊方原発を襲った場合、福島第一原発と同様、いや、それ以上の深刻な被害を引き起こしかねない。伊方原発で放射性物質が漏れ出せば、周辺はもちろん偏西風により汚染は関西まで広がるだろう。浜岡原発の事故であれば、放射性物質が首都圏に達するのは避けられず、日本の中枢は大打撃を受ける。浜岡原発から東京までの距離は二〇〇キロメートルに満たない。

南海トラフ巨大地震が発生した場合、直接的被害は西日本が中心になったとしても、東京を中心に東日本も対岸の火事ではすまされないのだ。

巨大地震は火山噴火を誘発する

地震は、しばしば火山噴火を誘発する。地震による衝撃が火山の地下にあるマグマを刺激するためだ。二〇世紀以降に世界で発生したＭ９以上の超巨大地震のあとには、震源域近くで火山の噴火が必ず起きている。二〇一一年の東北地方太平洋沖地震についてはどうか？　この地震のあと、二〇一四年の御嶽山噴火など、いくつかの火山噴火が起きている。しかし、これらの噴火について東北地方太平洋沖地震が誘発したものだと考える専門家は少ないようだ。

地震発生から六年。あの超巨大地震が誘発する火山噴火は、もう心配ないのだろうか？　いや、そんなことはない。二〇〇四年に発生した超巨大地震「スマトラ島沖地震」では、地震発生から六年後に噴火した火山もある。東北地方太平洋沖地震が火山活動を活発化させる可能性は十分あり、火山噴火への警戒は緩めるべきではない。

そして今、国内最高峰の富士山が噴火する可能性にも注目が集まっている。

富士山は三〇年に一回噴火してきた

「富士山は活動の活発な火山だ」と言われても、多くの人にはピンとこないだろう。何しろ富士山はこの三〇〇年間噴火していないわけで、無理もない話だ。

しかし、歴史を振り返ると、富士山はこれまで何度も噴火を繰り返してきた。火山噴火予知連絡会の藤井敏嗣会長によると、富士山は過去三二〇〇年間に一〇〇回噴火したという。つまり、平均すると富士山は三〇年に一回噴火する火山なのである。また産業技術総合研究所がまとめた調査結果によると、富士山では溶岩が流れ出す規模の噴火が、過去二〇〇〇年間に少なくとも四三回はあったという。

前述の藤井氏によると、富士山では記録が残る歴史時代に確実なもので一〇回の噴火があったという。これらのうち、最大規模の噴火が八六四年に発生した「貞観噴火」である。一・二立方キロメートル以上ものマグマが放出され、流れ出た大量の溶岩が山麓を広く覆い尽くし、山麓にあった広大な湖の大半を埋めてしまった。その時、埋没を免れた湖の一部が西湖と精進湖だ。その後、溶岩の上には長い年月をかけ森林が形成された。それが、青木ヶ原樹海である。

貞観噴火の五年後、八六九年には「貞観地震」が起きている。貞観地震は日本海溝付近を震源域と推定されるM８・３以上の巨大地震で、三陸を大津波が襲い、甚大な被害をもたらした。二〇一一年の東北地方太平洋沖地震は、この地震の再来と考えられている。

そして、一七〇七年には「宝永噴火」が起きる。噴火は約二週間続き、大量の火山灰を広範囲に降らせた。山麓の集落には高温の軽石が大量に降り注ぎ、家屋を焼き、田畑を埋め尽くした。火山灰は遠く江戸にまで達し、江戸の町は昼間でも暗くなったという。降り積もった火山灰は川の水位をも押し上げ、ついには堤防が決壊し、多くの村が水没した。

宝永噴火は、宝永地震の四九日後に始まった。富士山のマグマ溜まりは宝永地震の強震域にある。噴火は宝永地震の地震波により、富士山の地下にあるマグマが発泡したことで生じたと考えられている。

この宝永噴火を最後に、富士山は現在まで三〇〇年以上もの間、沈黙を続けている。つまり、三〇〇年間マグマが溜まり続けているわけで、巨大地震の地震波が富士山の噴火を誘発する可能性は十分考えられる。

「現在の日本は九世紀の状況に似ている」――こう指摘する専門家は少なくない。東海大学海洋研究所地震予知・火山・津波研究部門長の長尾年恭氏もその一人だ。長尾氏は東日本大震災の翌年（二〇一二年）に、東海地震と富士山噴火について次のように警告している。

現在の状況は、一一〇〇年前と非常によく似ています。九世紀には貞観（じょうがん）地震が起き、富士山が大噴火して、その後に東海地震が起きました。三〇年くらいの間に天変地異がたくさん起きたんです。

近い将来、首都圏はあと3回大きく揺れますよ。マグニチュード（M）8クラスの房総沖地震、M7クラスの首都圏直下型地震、M8といわれている東海地震。東海地震はM9クラスかもしれない。この三つが将来確実に起きます。（中略）

一一〇〇年前と異なり、今回はたまたま東北の地震が先でしたけど、次の東海地震の後には富士山が噴火する可能性が高いでしょう。

（週プレＮＥＷＳ二〇一二年一月三日付）

九世紀の日本では、八六四年に貞観噴火、八六九年に貞観地震、八八七年に仁和地震など、大きな地震や噴火が多く発生している。そして、国外では九〇一年にスマトラ島沖で地震が発生している。このうち、貞観地震は二〇一一年の東北地方太平洋沖地震として繰り返され、スマトラ島沖地震は二〇〇四年に繰り返された。今世紀に入り、まだ発生していないのが南海トラフ巨大地震と富士山噴火である。この二つはいつ発生しても不思議はなく、宝永地震と宝永噴火のように、ほぼ同時期に連動して起きることも十分考えられるのだ。

富士山噴火で首都・東京はどうなる？

富士山が噴火した場合、その被害は江戸時代の宝永噴火とはまるで比較にな

現在の日本は9世紀の状況に似ている

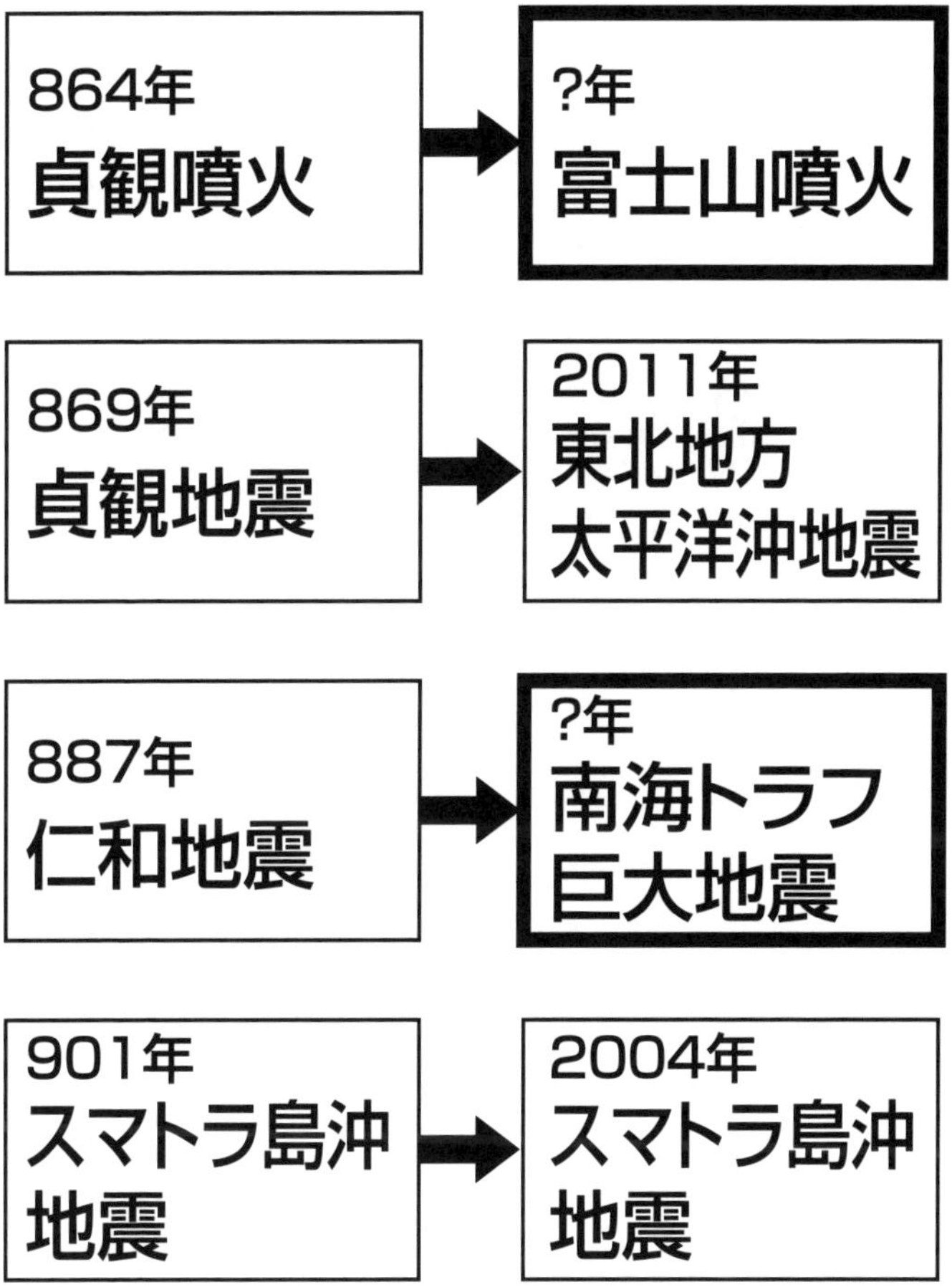

らないほど深刻なものになるに違いない。内閣府の富士山ハザードマップ検討委員会の試算によると、宝永噴火と同規模の噴火が梅雨期に起きた場合、被害額は最大で約二兆五〇〇〇億円にのぼるという。山麓など富士山に近い地域では噴石の直撃、土石流、洪水などにより多数の死傷者が出て、建物の損壊や焼失などの被害が生じる。降灰は土壌に悪影響をおよぼし、作物が枯死するなど農林業には壊滅的な被害がもたらされる。

噴煙は偏西風に乗り、噴火から数時間で東京にも到達する。そして、降灰は都市機能を容赦なく破壊する。宝永噴火では、江戸でも数センチメートルの降灰があったと言われる。わずか数センチメートルと思うかもしれない。しかし、火山灰というのは、特に現代の発達した都市にとっては本当に厄介な代物なのだ。火山灰は「灰」という名称から、炭が燃えたあとの灰と同じようなものをイメージしがちだが、そのような燃えカスではなく、溶岩や鉱物のかけらなのである。火山灰は軽く、風に舞い上がり遠くまで飛んで行き、建物や地面に降り積もる。ところが雨が降るとずしりと重くなり、屋根に積もった火山灰が家屋を押し潰すことさえある。水には溶けないから、排水溝に流せば詰まってしまうし、影響は長期間におよぶ。

溶岩や鉱物のかけらである火山灰は、ガラスの破片のように鋭くとがっているため人体にも非常に有害だ。目に入れれば、結膜炎などを引き起こすし、吸い込めば気管や肺が傷付けられ、喘息など呼吸器系の病気も増える。

道路はスリップしやすくなるため、車の運転も困難になる。各地の道路が通行止めになるだろうし、通行止めにならなかった道路でも徐行運転を余儀なくされ、渋滞やスリップ事故が増える。エンジンに火山灰が混入し、車の故障も増える。鉄道は、車輪やレールの導電不良などにより遅延や運休の発生が想定される。降灰があるエリアでは航空機の運航は停止される。航空機のエンジンが火山灰を吸い込むと、エンジンが止まり墜落する恐れがあるからだ。交通が麻痺すれば物流も停滞し、生活必需品も含めあらゆる商品が不足し、物価の高騰や小売店の休業も考えられる。

都市部においては、電子機器への影響は特に深刻だ。火山灰が電子機器内部に入り込むと、故障や誤作動を起こす可能性がある。多くのパソコンや携帯電話、テレビが使用不能になる。東京には官公庁や大企業が集中しており、コンピュータシステムのダウンによる経済への影響は計り知れない。場合によっては首都機能の維持は困難になり、首都移転も大いに考えられる。その場合、世界都市・東京の地位は一気に凋落するだろう。

ポルトガルを壊滅させたリスボン地震

巨大災害は、時に一国の文化や文明をも滅ぼす。一八世紀にポルトガルで発生した「リスボン地震」もその一例だ。

一七五五年、ポルトガルの首都リスボンをM８・５～９と推定される巨大地震が襲った。この地震により多くの建物が崩れ落ち、二万人もの人々が即死したという。地震発生から四〇分後、リスボンの町に津波が押し寄せた。波高は一五メートルに達し、一万人もの人々を飲み込んだ。各地で大規模な火災が発生し、六日間に亘り町を焼き尽くした。文献記録により異なるものの、死者は六万二〇〇〇人～九万人と言われる。市内の建物は八五％が破壊された。また、各国から集めた財宝や絵画など多くの文化的遺産も失われた。こうして大航海時代以来、ヨーロッパ随一の繁栄を謳歌していたリスボンの町は、廃墟と化した。

リスボン地震は、ポルトガル経済に壊滅的な打撃を与えた。当時のＧＤＰの三割～五割が失われ、政治も不安定になり、ポルトガルの国力は一気に低下した。この巨大災害が、その後のポルトガル衰退の要因の一つになったと言われているのだ。

今こそ、リスボン地震が私たちに問いかけていることを考えるべきだろう。南海トラフ巨大地震や富士山噴火は、近い将来の発生が確実視されている。これらの巨大災害が日本の国力低下に拍車をかけ、長期衰退のきっかけになる可能性を否定することはできない。

第五章

二〇二五年
――トヨタ壊滅、日本の産業崩壊

iPhone（アイフォーン）に駆逐されたノキア

まず、衝撃的なチャート（左図）をご覧いただきたい。これは携帯電話のマーケット・シェアの推移だ。およそ一〇年前までは圧倒的なシェアを誇っていたフィンランドの巨大企業ノキアが、二〇一七年には市場から完全に姿を消した。「これがすべてを変える」――現在、時価総額で世界一を誇る米アップル社の創業者である故スティーブ・ジョブズは二〇〇七年一月、こう言って完成したばかりのiPhone（アイフォーン）を聴衆に披露した。巷では、ノキアのフィーチャー・フォン（いわゆるガラケー）が全盛期を迎えていた頃である。

今では当たり前のように使われているスマート・フォン（以下、スマホ）は、文字通り「人類を変えた」（英エコノミスト誌）。「自動車や時計の出現が人々の生活を変えたのと同じように、現代のスマホも、生活を豊かなものにし、産業全体の形を変え、社会を一変させようとしている」（英エコノミスト誌二〇一五

携帯電話のマーケット・シェア

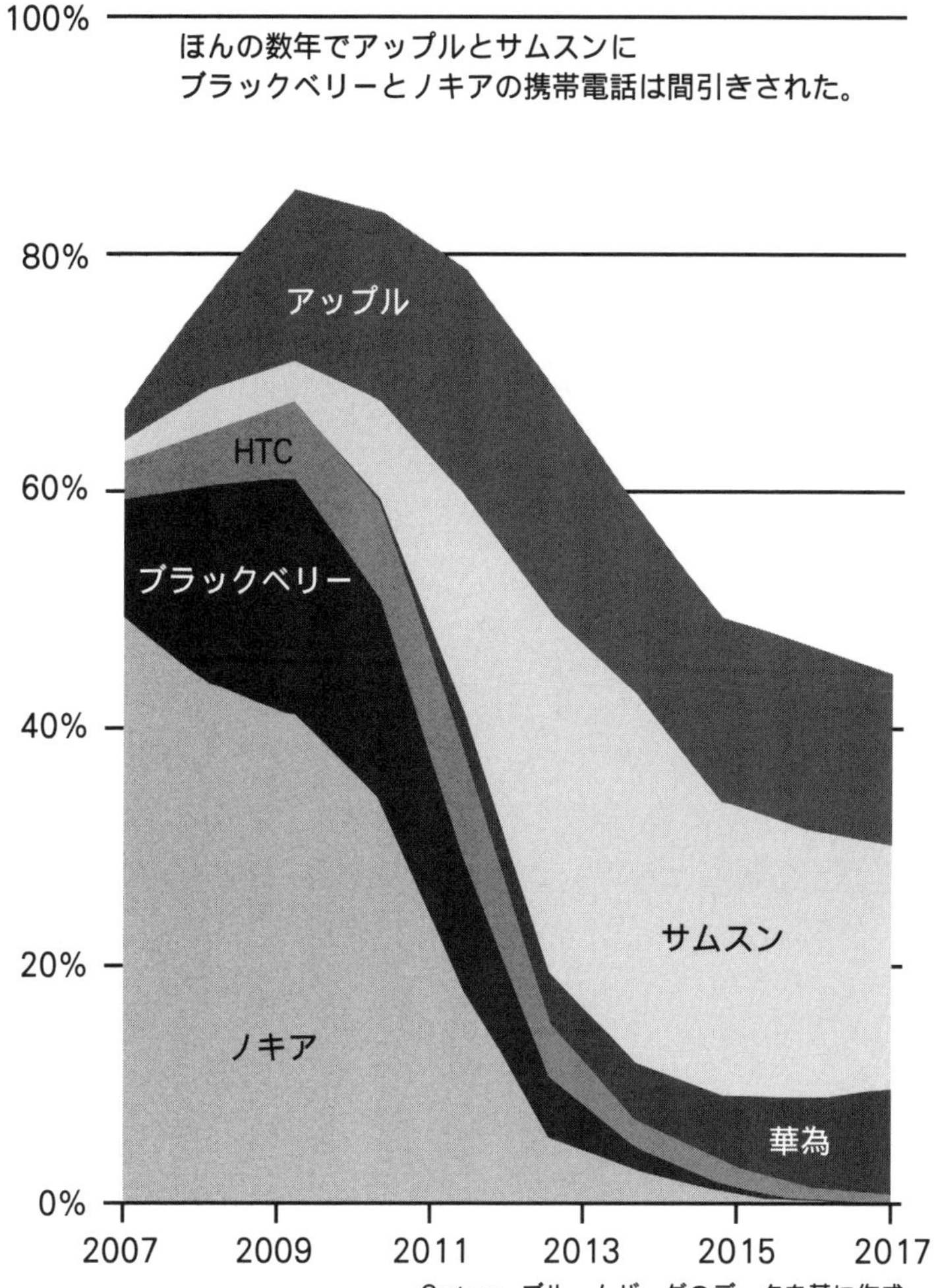

Gartner、ブルームバーグのデータを基に作成

年二月二八日号）とエコノミスト誌が評すスマホは、二〇二〇年になると地球上の成人人口の八割が所有するまでになるという予測もある。まさに、「スマホなしには生活できない時代」の到来だ。実際、モバイル・インターネット（いわゆるスマホ）の普及率が二〇一七年時点で九割を超える中国では、スマホによる決済の普及率も七割以上に達しており、代表的な「アリペイ」という決済アプリだけで、毎秒二〇〇〇件もの支払いが行なわれている。

中国の例はあまりに先進的だが、こうした状況を今から一〇年前に想像していた人はほとんどいないはずだ（スマホの創造主であるジョブズでさえも、ここまで急速に浸透するとは思っていなかったかもしれない）。ましてや、ガラケーの王様と言われたノキアが、スマホの誕生から数年後に壊滅的な状態に追い込まれるなどと予想した人は皆無に近いだろう。

アップルがiPhone（アイフォーン）を発表した直後、ノキアや日本のメーカーは「ガラケーより数倍も高いスマホは流行らない」「iPhone（アイフォーン）はたいした技術革新ではない」と強がった。各メーカーは事態を静観視、スマホ市場への参入を決して急がず、これで結果的に市場シェアを失っている。そんな状況を省みてiPhone（アイフォーン）の生みの親であるジョブズは、かつてはジャパン・アズ・ナンバーワンの象徴であった日本のメーカーを「どの会社も固定観念から脱していない。やつらは海岸を埋め尽くす死んだ魚だ」と罵った（ここには彼なりの愛が込められていると言われている）。

さて、本題はここからなのだが、仮にもこのような産業界の劇的な栄枯盛衰が自動車の分野でも起きたらどうなるであろうか？　たとえば、現在は世界的に圧倒的なシェアを誇る日本の自動車メーカーが何らかの技術革新（を伴った市場の変化）によってシェアを失うという事態を想像して欲しい。一九九四年にトヨタ自動車の副社長であった奥田碩氏は、「トヨタがおかしくなったら日本経済がおかしくなる」（週刊現代二〇一七年一〇月二八日号）と言ったという。この言葉に、嘘はない。大げさでもなんでもなく、日本経済と自動車産業は一蓮托生の関係だ。しかも、今日の自動車市場は次世代エネルギー車の台頭により、過去一〇〇年でもっとも大きな変革期を迎えている。仮にノキアが辿った道を日本の自動車産業が再現すれば、冗談抜きに国が傾きかねない。

マネジメント（経営管理論）の考案者であり、現代経営学の祖と言われる故ピーター・ドラッカーは、「自動車産業は二〇世紀の産業中の産業である」という言葉を残した。中でも日本とドイツでは、GDP（国内総生産）に占める自動車産業の割合が他国に比べて格段に大きい。

ご存じのように、自動車産業は家電などに比べてはるかに裾野の広い産業であり、部品製造や販売といった関連する事業の売り上げや雇用面も含めると規模は相当なものになる。日本自動車工業会によると、日本の自動車関連産業の出荷額は五三兆円だ。また自動車業界は、GDP（国内総生産）の一割を占める。ちなみにその半分のシェアを握るのが、トヨタ自動車だ。

そして、自動車産業の就業者数は五三四万人にもおよぶ。現在の日本の全就業者数は六五九六万人なので、約八％もの人が自動車産業に従事していることになる。トヨタ一社だけを見ても、その規模は圧倒的だ。トヨタ自動車の従業員は本社だけで七万四〇〇〇人、グループ全体だと三六万人以上になる。また、トヨタは約七五％のパーツを外部から調達しており、すべての下請けの合計は三万社以上となり、トヨタに関連する全就業者数は圧巻の一四〇〇万人だ。

他方、日本の貿易黒字（二〇一六年）は四・〇兆円なのだが、その中で黒字にもっとも寄与しているのが対米貿易黒字である。その額は全体の貿易黒字を凌ぐ六・八兆円で、中でも自動車（完成車）の輸出が四・四兆円と大きい。日本は対米輸出で黒字を稼ぐ一方、対中貿易で慢性的な赤字を計上しており、さらには莫大なエネルギーを輸入していることから貿易黒字の幅が狭まっている。

日本のＧＤＰのおよそ六割は消費によるものだが、それでも自動車産業は日本経済の根幹に位置していると言ってよい。第一生命経済研究所の主席エコノミストである永濱利廣氏によると、日本の自動車産業が空洞化によってすべて海外へ移転した場合、三〇〇万人の雇用が失われ、失業率は三・六ポイント上昇し、ＧＤＰが二〇％も減少するという。

まさに、自動車産業の壊滅は日本沈没と同義だ。誠に恐ろしいことに、そうしたシナリオは決して杞憂とは言えない。二〇一七年九月二二日付の米ブルームバーグは、「一〇年前のアイフォーンに匹敵か―電気自動車で社会は大きく変革へ」と題した記事を掲載。記事は、スマホの登場によってノキアという携帯電話メーカーの巨人が駆逐されたことと似たようなことが自動車の世界でも十分に起こり得ると指摘。ガソリン車から電気自動車（ＥＶ）へシフトする過程が、幅広く考えているような漸進的なものでなく、何らかのシステミック変化を伴った加速度的なものになる可能性もあると説く。

事実、スマホの登場はダウンロード・アプリやスマホ決済などモバイル・インターネットに関連したビジネスの劇的な隆盛を招いた。ここ日本でも、スマホの登場が、通信アプリのＬＩＮＥ（ライン）を生むとは誰も想像できなかったが（正確にはＬＩＮＥは韓国発だが）、今ではそのラインは日本国民に必需的な通信インフラとなっている。

現在の自動車市場ではＥＶの台頭だけでなく、その先を見据えた燃料電池車（ＦＣＶ）の開発や、米ウーバーに代表されるカー・シェアリングの浸透、さらには一昔前までは夢物語でしかなかった自動運転技術の確立といった具合に、

電気自動車とガソリン車の販売台数

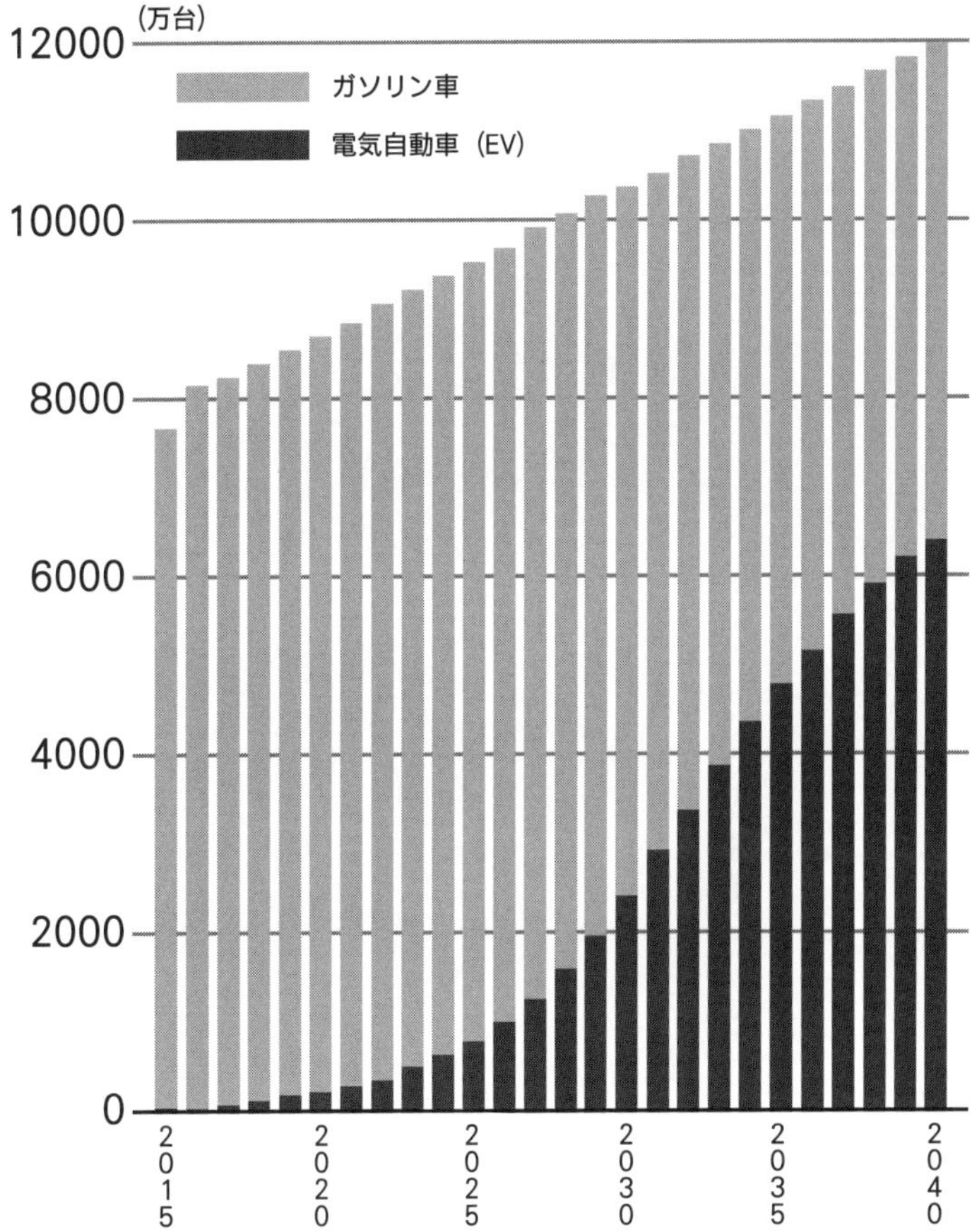

ブルームバーグのデータを基に作成

電気自動車（EV）の販売は急速に成長する可能性がある。
2038年にはガソリン車とディーゼル車を上回る。

まさに〝革命〟とも呼べる事態が進行中だ。業態の多角化により、米グーグルや英ダイソンといった従来は自動車業界に関わってなかった企業までもが参戦を表明しており、言うなれば、かつてない群雄割拠の状態だ。どの国家や企業にもチャンスがあり、どこが覇権を握るかまったく読めない。

次世代エネルギー車に関しては、日産自動車が世界に先駆けて市場に投入した「リーフ」（世界初のEV量産車）やトヨタ自動車の水素カー「ミライ」（世界初のFCV量産車）など、日本が技術的に先行している。しかし、米中韓やドイツ勢の追い上げも半端ではない。

たとえば、自動運転の分野ではグーグルや中国の百度（バイドゥ）が日本勢を出し抜いて明らかに先行している。また、タクシーなどの配車サービスの分野でも、現状で圧倒的なシェアを獲得としているのはウーバーや中国の滴滴出行（ディーディィー・チューシン）だ。

「八〇年代、ビデオレコーダーの規格でVHSとベータの生存競争があった。ソニーが開発したベータはビクターが売り出したVHSよりも、画質や機能性の面で優れていた。にも関わらず、家庭への普及力でベータはＶＨＳに敗れ、市場からフェードアウトした。優れた技術があっても、世の中の潮流に呑み込まれればひとたまりもない。そしてこれはＥＶとＦＣＶでも起こりうる競争で、だからこそトヨタもなりふりかまっていられないのだ」（週刊現代二〇一七年一〇月二八日号）。これを週刊誌の戯言だと思うなかれ。トヨタ自動車の豊田章男社長は先の記者会見で、「（自動車業界は）海図なき、前例のない戦いに突入した」「生きるか死ぬかという瀬戸際の戦いが始まっている」と語気を強めたが、この言葉に嘘はないだろう。いくら技術で先行していようとも、市場予測を読み誤れば、世界の時価総額ランキング（トップ50）に日本から唯一ランクインしているトヨタ自動車でさえ傾くことも、考えられなくはない。

温暖化ガス排出権を買うトヨタ

「トヨタ自動車が米国のテスラ・モーターズから大量のクレジット（温暖化ガ

スの排出枠）を買った」――二〇一七年一〇月、こんなニュースが日本の自動車業界を駆け巡った。一見すると、トヨタ自動車が米カリフォルニア州の環境規制に対応できずクレジット（排出枠）を規制に適応している他の企業から買ったという単純なニュースにすぎない。しかし、このニュースにこそトヨタ自動車の〝苦悩〟と、米国当局の〝思惑〟がにじみ出ている。

米カリフォルニア州は、自動車メーカーに販売台数の一定割合をＥＶなどのＺＥＶ（排ガスゼロ車）にするよう義務付ける規制を先に導入した。規制に抵触したメーカーは罰金を払うか、テスラなど基準をクリアしている会社から「ＺＥＶ排出枠」（クレジット）を購入しなければならない。

トヨタが二〇一七年八月までに購入したクレジットは、三万五二〇〇ポイントだ。一ポイント＝五〇〇〇ドルなので、約一九七億円もの負担を強いられたのである。馬鹿にできる金額ではない。テスラがトヨタに販売したクレジットは、当然そのままテスラの売り上げとなる。そのテスラは、二〇一七年四月～六月だけで一億ドル相当のクレジットを他の企業に販売した。

結論からすると、カリフォルニア州のＺＥＶ規制はテスラのような新興ＥＶメーカーに有利な設計となっている。トヨタ自動車は以前から次世代カーの主力としてプリウスに代表されるＨＶ（ハイブリッド車）を位置づけて来た。しかし、ＨＶはＺＥＶ規制への換算比率が低い。しかも、規制の厳格化によって二〇一八年からＨＶをＺＥＶ規制に換算することはできなくなる。トヨタは規制に適応するため、ＨＶよりＺＥＶ規制への換算比率が高いＰＨＶ（プラグイン・ハイブリッド）やＦＣＶを北米で販売するに至ったが、規制の義務量を満たすほどの台数を販売できていない。当面、規制をクリアできる見通しは立っておらず、トヨタはさらなるクレジットの購入を強いられると予測されている。

前述したように、トヨタ自動車にとってカリフォルニアを含めた北米はまさにドル箱だ。二〇一七年には二七九万台（予想値）も売り上げるとされ、順風満帆のように映る。しかし、現在はカリフォルニアやシアトルだけで実施されているＺＥＶ規制が他の州でも施行されれば、トヨタにとって熾烈な逆風となるのは必至だ。販売台数の減少はおろか、多額のクレジットを請求される事態も想像できる。

世界各国の自動車関係環境規制

もちろん、トヨタ自動車のマーケットは米国だけではない。世界中に顧客がいる。では、米国以外ではどのような国が自動車に関連する環境規制を導入しているのだろうか。以下にまとめたので参照していただきたい。

●**ノルウェー**：現状、北欧のノルウェーがＥＶ化でもっとも先行している。二〇一六年時点でＥＶとＨＶが全車体の二八・七％ほどを占めており、普及率は世界一。同国では、二〇三〇年からＥＶとＨＶしか販売できなくなる

●**オランダ**：二〇二五年からＥＶしか販売できなくなる。ＥＶとＨＶの普及率は六・三九％（二〇一六年）

●**ドイツ**：二〇三〇年からガソリン車とディーゼル車の販売を禁止。普及率は〇・七六％

●スイス：二〇三〇年からガソリン車とディーゼル車の販売を禁止。
●ベルギー：二〇三〇年からガソリン車とディーゼル車の販売を禁止。
●英国：二〇四〇年からガソリン車とディーゼル車の販売を禁止。二〇二〇年からはオックスフォードがガソリン車とディーゼル車を段階的に廃止して行く。これは英国では初の取り組みであり、スコットランドも二〇三二年から同様の取り組みを始める見込み。ＥＶとＨＶの二〇一六年の普及率は一・四一％
●フランス：英国と同じく二〇四〇年からガソリン車とディーゼル車の販売を禁止。パリでは二〇三〇年から段階的にガソリン車とディーゼル車を廃止する。普及率は一・四六％
●スウェーデン：二〇五〇年からガソリン車とディーゼル車の販売を禁止。普及率は三・四一％
●インド：二〇三〇年からＥＶとＨＶだけを販売。普及率は〇・〇二％
●中国：将来的にＥＶとＨＶだけを販売（時期は未定）。普及率は一・三七％
この他にも、前述した米国のロサンゼルス、シアトル、バンクーバー（カナダ）、オークランド（NZ）、コペンハーゲン（デンマーク）、バルセロナ（スペイン）、マドリード、ミラノ（イタリア）、アテネ（ギリシャ）、ケープタウン（南アフリカ）、メキシコシティ（メキシコ）、キト（エクアドル）といった都市が、二〇三〇年までにガソリン車とディーゼル車の市中への乗り入れを禁止する方針だ。

言わずもがな、これらの国々でとりわけ重要となるのが米中の指針である。というのも、この二ヵ国だけで二〇一六年に合計で四五九〇万台もの車が売れた。内訳は米国が一七八七万台で、中国が二八〇三万台となっている。これに対して、ＥＵ（二八ヵ国）は約一四〇〇万台で、日本は約五〇〇万台だ。全世界の販売合計台数が九三八五万台なので、米中二ヵ国だけで約半数の車が売れたことになる。

しかも、この二ヵ国は率先してＥＶを普及させる構えだ。二〇四〇年までに、全世界の新車販売に占めるＥＶの割合は五〇％を超えると言われている。仮にこの二ヵ国で日本勢がシェアを失う事態となれば、わが国の自動車産業は瀕死の状態に陥る可能性が高い。

米中の真の狙いはトヨタ潰し？

これは私の勝手な想像だが、米中が施行した環境規制の真の狙いはトヨタ自動車（日本）潰しにある。そう言いたくなるほど、両国の規制は日本勢に不利なのだ。規制から日本勢の得意とするＨＶを除外していることこそが、何よりの証拠である。

中国の例を見てみよう。「内燃機関では先進国に追いつけない」と判断した中国政府は、二〇一四年頃から国策としてＥＶの普及とＥＶバッテリーの供給拡大に取り組んでいる。背景にあるのは、新興の大きな産業で覇権を握りたいという並々ならぬ野心だ。

内燃機関の車に比べて、ＥＶの部品数は段違いに少ない。一般的なガソリン車の部品数がおよそ三万点なのに対し、先に発表されたテスラの「モデル３」

の部品は六〇〇〇～七〇〇〇点とされる。中国政府はEVの部品数が少ないことに着目し、「これなら自国産でほぼすべて賄える」と判断したようだ。ちなみにEVはガソリン車などに比べて振興国（新興メーカー）の参入が容易だと解説されることが多いが、その最大の理由は部品数が少ないという点にある。極端に言うと、外部から取り寄せた部品を組み立てればEVは完成するのだ。

その上、中国には他の振興国にない強みがある。それは、中国が自動車における世界最大の消費地だという点だ。先にも述べたが、二〇一六年に中国では二八〇三万台もの新車が売れている。そして、中国政府は世界最大の自動車市場という自国の強みを最大限に活かし、中国国内で展開する海外の自動車メーカーにも環境規制「NEV（新エネルギー車）規制」を導入した。

このNEV規制とは、中国政府が二〇一六年九月に自動車メーカーへ通達したある目標だ。簡単に言うと、各メーカーに対し「販売台数のうち一定の割合をEVかPHV、もしくはFCVにしろ」という行政指導である。現在ではあくまでも目標だが、これが二〇一八年から強制となり、中国で展開する自動車メーカーは二〇一八年には販売台数のうち八％をＥＶやＰＨＶ、またはＦＣＶにしなくてはならない。この数字が二〇一九年には一〇％、二〇二〇年には一二％となり、これを遵守できなければ米国と同様に罰金かクレジット（排出枠）を他社から購入する必要が出てくる。日本勢が得意とするＨＶは規制の対象外であり、これは恐らくＨＶを対象としてしまうとトヨタ自動車を始めとした日本勢が恩恵を受けてしまうためだ。

トヨタ自動車は、二〇一六年に中国で約一二〇万台の車を販売したのだが、仮にＮＥＶ規制が導入される二〇一八年にも、同じく一二〇万台を販売できたとしよう。そうなると、そのうち九・六万台がＥＶ、もしくはＰＨＶかＦＣＶでなくてはならない。それができなければ、他社からクレジットを購入する必要が出てくる。米カリフォルニア州の例をそのまま中国に当てはめると、約四・八億ドル（約五三八億円）も支払わなければならない。

トヨタ自動車は今の今までプリウス（ＨＶ）やミライ（ＦＣＶ）に注力してきたが、二〇一七年一一月、二〇二〇年から中国市場で量産型ＥＶの販売を開始すると発表した。トヨタ自動車が量産型のＥＶを投入するのは中国市場が初めてであり、業界関係者からは驚きの声が上がっている。同社はさらに、二〇二五年頃までに世界で販売する全車種について電動専用車か電動グレードを設定し、エンジン車のみの車種をゼロにすると発表した。これは米中、とりわけ中国の動向を睨んだ戦略転向であり、言い方を変えるとそれほど同社のＮＥＶ規制に対する危機感は強い。

一方の中国政府の決意も固い。中国政府はＥＶ化を推進するため、二〇二〇年までに四八〇万もの充電ステーション（簡易的な充電設備を含む）を設置する予定だ。中国には、現状でも一九万もの充電ステーションがある。米国は六万、日本には七〇〇〇ヵ所しかない。中国の国策としての決意が窺われる。

米ゴールドマン・サックスによると、中国は二〇一六年、全世界のＥＶのおよそ四五％を生産した。当局は、これを二〇三〇年までに六〇％にまで高めようとしている。英ロイター（二〇一七年七月一七日付）は、二〇二〇年までに発売されるＥＶモデルのおよそ半数が、中国メーカー製になると予測した。

HVとEVとFCVの特徴

■「HV」(Hybrid Vehicle)：ハイブリッド車

・外部から直接電気の供給を受けず、ガソリンの供給で、エンジンとモーターを効率的に使い分けて走行
・エンジンとブレーキ時の発電を使用し、バッテリーに電気をたくわえモーターを動かす
・ガソリン車より燃費が良い

■「EV」(Electric Vehicle)：電気自動車

・電動モーターで車を駆動
・走行中にCO2や排気ガスを出さない
・ランニングコストがガソリン車より安い
・振動、騒音が小さい
・最高速度　約100km/時
・航続距離　約90km～200km
（ただしエアコンなどを使用すると短くなる）
・まだ車体価格自体が高い

■「FCV」(Fuel Cell Vehicle)：燃料電池車

・水素、メタノール、ガソリン等が検討されている
（水素電池車より商品化）
・燃料電池で発電し、モーターで車を駆動
・走行中にCO2や有害物質を排出しない
・商用水素ステーションは日本に99ヵ所
（準備中も含む。2017年8月現在）
・トヨタ MIRAI…1充てん（3分）で航続距離650km
・ホンダ クラリティフューエルセル
…1充てん（3分）で航続距離750km

中国の野心はＥＶの本体だけに留まらない。中国は、ＥＶに必須なバッテリーの分野でも覇権の獲得を目論んでいる。ご存じかもしれないが、ＥＶ用バッテリーの技術は、ここ日本で誕生した。現在もバッテリーの分野では日本が先行しているが、その日本のあとを韓国勢と中国勢が猛追している。

現状でＥＶ用バッテリーの世界でもっともシェアを獲得しているのが、日本のパナソニックだ。そのパナソニックは二〇一四年、テスラと合同で米ネバダ州にリチウム・イオン電池の生産基地「ギガファクトリー」を設立、二〇一八年までに年間三五ギガワット相当のリチウム・イオン電池を生産できるよう、能力の拡充を急いでいる。

パナソニックのすぐあとを追うのが、中国のＢＹＤ（比亜迪汽車）だ。このＢＹＤは、金融危機の真っ只中にあった二〇〇八年に米著名投資家ウォーレン・バフェット氏のバークシャー・ハサウェイが多額（二億三〇〇〇万ドル）の出資をしたことで知られる。このＢＹＤの躍進が著しい。ＢＹＤはここ数年で、中国最大のＥＶ用バッテリーの供給元になった。

さらに中国には、一四〇を超えるＥＶバッテリーの会社がある。そのため供給元の単位をメーカーではなく国家とすると、数年前まで圧倒的な世界シェアを誇っていた日韓を中国がすでに抜き去ってしまった。世界全体のＥＶバッテリー生産能力は、二〇一四年の五〇ギガワットからここ最近では一二五ギガワットにまで拡大したのだが、これを牽引したのが中国勢である。米フォーブス誌（二〇一七年八月一一日付）は、ＥＶバッテリーにおいても中国の世界シェアが二〇二〇年までに七〇％を超えると予想した。

ほぼ確実に、中国はＥＶ市場の主戦場になる。しかも、バッテリーも含めてそのほとんどを自国で供給する構えなのだ。

日本勢には北米市場こそがドル箱なのだが、米国の自動車市場は二〇一七年にピークを打ったと考えられる。自動車ローンの債務残高が過去最高となっているる点を見ても、今後は販売台数が減ることはあっても劇的に増加するとは考えにくい。それでも日本車のお得意先ではあることに変わりはないが、その北米市場でもさらに環境規制が強化されて行く。

北米市場の減少分を、中国やインドなどの新興市場で補う展開こそが日本勢にとって好ましいが、残念なことに日本車は中国やインド市場では北米ほどの人気はない。たとえば、中国市場では欧州系（とくにドイツ車）が圧倒的なシェアを握っており、最近では地場のメーカー（民族系）も台頭している。環境規制も強化されて行く状況下、後発組がシェアを獲得するのは容易ではない。

現在、日本車の世界シェアは約三〇%だ。しかし、米中の環境規制はこの構図を大きく変えてしまう恐れがある。仮に、日本車の世界シェアが二割、一割と減って行けば、日本国内の雇用も数十万単位で失われることになり、GDPも大きく減少するだろう。貿易収支も黒字が大幅に後退するはずだ。率直に言って、危機的な状況に陥る。

「EVは流行らない」説の死角

ここまで自動車業界のEV化の話をしたところで恐縮だが、EVは流行らな

中国市場における国別乗用車販売台数

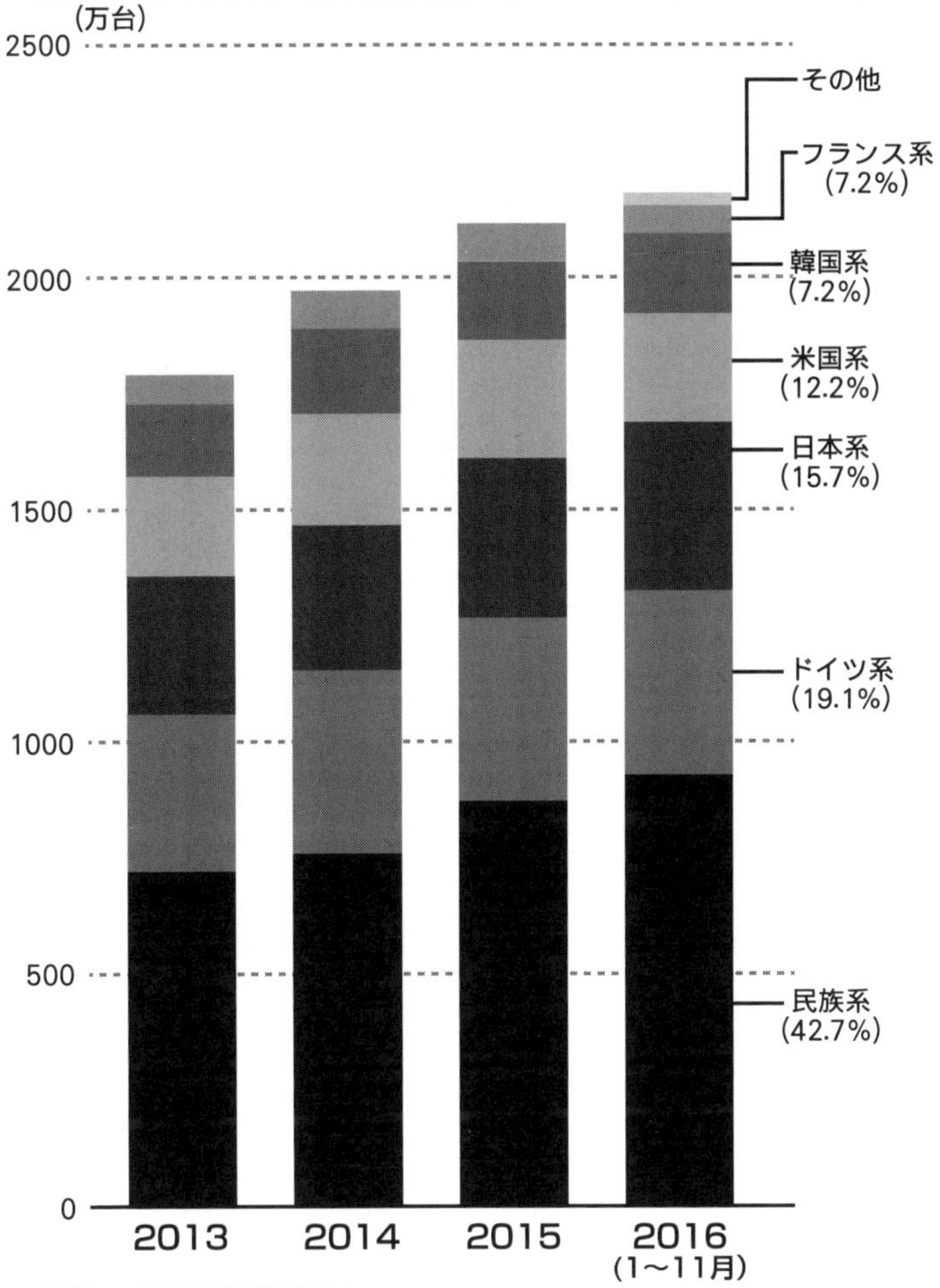

地場の民族系が躍進している。マークラインズのデータを基に作成

いという予想も多くある。「EV化で日本の自動車産業は崩壊したりすることはない」「EVの普及は掛け声倒れで終わる」——こういった主張を聞くことも少なくない。昨今のEVブームに対する代表的な反論が、「EVは製造から廃棄までを考慮すると排出するCO_2（二酸化炭素）は多い」「電気は石油と違って貯蓄に向いておらず利便性が悪いため、ユーザーはそこまで増えない」「（EV開発で）日本勢が他国に遅行しても、バッテリー技術は内燃機関に比べて簡単に確立できるのですぐに追いつける」というものだ。

そして、EVに対する弱気派は往々にしてこう結論付ける——「EVは流行らないので日本勢はHVに専念すれば良い」。こうした声は、自動車業界の内部からも聞こえてくる。では、真相はどうなのか？　私は、こうした反論は拝聴に値すると考えている。というのも、反論の多くがもっともな意見なのだ。

まず、EVは製造から廃棄までを考慮すると排出するCO_2は多い（すなわちEVはエコではない）という反論だが、これは事実である。EVは運転している段階でこそCO_2の排出量は少ないが、燃料となる電気を再生可能エネルギーで生み出せるとは限らない。日本など原発が停止している国が仮に火力で電気を生み出せば、CO_2排出量は考えられているよりも多くなる。

　米ブルームバーグのニュース・エナジー・ファイナンスは、二〇四〇年までに世界の全電力消費に占めるＥＶ充電の割合が約八％にまで膨らむと試算しているが、これを火力で賄えばCO_2排出量は現在よりも増えてしまう可能性もあるそうだ。現状のエネルギー事情では、究極のエコカーと謳われているＥＶは、プリウスなどのＨＶよりもエネルギー効率が悪いとの試算もある。まさに、本末転倒だ。

　ＥＶの普及には、やはり原発や太陽光発電など再生可能エネルギーでの電源供給が前提となる。ただし、太陽光発電もＥＶとの相性が悪い。なぜなら、現行のＥＶの充電は四～五時間ほどかかるため、一般的に夜間に行なう。そうなると、太陽光発電は使えない。

　こうした理由から、日本のマツダ自動車は「再生可能エネルギーを使っていない地域では、むしろ内燃機関を徹底的に改善する方がCO_2削減に貢献できる」（二〇一七年九月一八日付ダイヤモンド・オンライン）と昨今のＥＶブームを静観視している。同社の中長期的な戦略は、ＥＶ開発に重きを置くのではなく内燃機関をさらに磨いて行くという〝逆張りスタイル〟だ。

このように、ＥＶの普及には電力供給こそがネックとなる。二〇四〇年からガソリン車とディーゼル車の販売を禁止し、二〇五〇年までにCO_2の排出量を一九九〇年比で約八割も削減するというかなり野心的な目標を掲げている英国でも、電力を巡る議論が盛んだ。

英国では、ＥＶブームに関わらず原発や石炭発電所が老朽化しているため、二〇二五年までに電力供給危機が起こると懸念されている。そのため、英国政府はＥＶブームに関係なく一〇〇〇億ポンド（約一四〇兆円）もの投資が必要だと認識しており、多くの専門家がＥＶの普及がこの問題をさらに膨らませると批判的だ。これは英国に限った話ではなく、新興国に比べてインフラが古く電気料金が高い先進国ではこういった問題が噴出するだろう。

電力の供給問題が解決したとしても、ＥＶの普及にはさらなるハードルがある。充電にかかる時間の長さだ。前述したように、現行のＥＶでは充電に四～五時間もかかる。ガソリン車であれば、満タンにするのに五分とかからない。この差は大きい。ＥＶの肯定派は「充電の長さは技術革新が解決する」というが、それでもガソリンの充てんと同じくらい早くなるのはかなり先の話だろう。

電気は、石油などと違って相当な量を貯蓄するのが難しい。さらには半導体で言うところの「ムーアの法則」（半導体の演算能力が一八～二四ヵ月ごとに二倍に増えるという経験則）が、電池の世界では起こらないと言われている。実際、過去に電池の容量が爆発的な伸びを示したことはない。

当たり前の話だが、電池は消耗品であり、充電するごとに充電できる量は減って行く。ご自分のスマホや携帯電話を省みればわかるだろう。すなわち、電気の貯蓄を巡る状況が大幅に改善されない限り、ＥＶを運転する人はいわゆる電気スタンドに頻繁に通う必要が出てくる。自宅のコンセントで充電するにしても、集合住宅では無理だろう。

このように、究極のエコカーと謳われるＥＶの普及にはかなり多くのハードルがある。日本の自動車メーカーが海外の主導するEVブームに冷静なのもわからなくもない。大方の予想を裏切って、内燃機関が生き残る可能性だって十分にあるし、トヨタ自動車が先行するFCVが普及することも考えられる。

トヨタ潰しのためのEV推進

しかし、安心するのはまだ早い。「EVは流行らない」説には注意も必要である。その最大の理由は、世界最大の自動車市場を擁する米中におけるEVの普及が多分に政治的な要素を含んでいるためだ。その政治的な要素とは、前述した〝トヨタ潰し〟にある。米中が日本に不利な環境規制を通して、本気で潰しにかかってきているのだ。安心などしていられない。

米中に加えて、EUやインドといった巨大市場も環境規制を次々に導入している。繰り返しになるが、ここ数年の世界の新車販売に占める日本車の割合は毎年三〇％程度で、二〇一六年にはおよそ三〇〇〇万台もの日本車が世界で売れた。そのうち、日本国内の販売分が約五〇〇万台しかないと考えると、改めて日本の自動車産業は海外市場に大きく依存していることがわかる。海外市場でシェアを失えば終わりなのだ。そのお得意先が日本の自動車メーカーに不利な強力な措置を講じ始めており、日本勢は自社の戦略とは関係なしに各国の規制に対応せざるを得ない。事態は考えられているよりも深刻と言える。

私は二〇一七年の暮れに上海へ出張したのだが、考えていたよりも多くのBYD製のEVを街中で見かけた。中国政府は私たちが想像しているよりも強い決意で次世代カーを普及させようとしており、二〇一七年四月に発表された「自動車産業中長期発展計画」では明確に「自動車強国になる」と記されている。大国ではなく強国とした点こそが、自前の車で世界市場を席巻したいという野望の表れだ。

米ウォールストリート・ジャーナル（二〇一七年九月二九日付）は、中国のNEV規制を「ガソリンやディーゼルといった従来の燃料からEVなど代替燃料車へ移行させる国家主導のかつてない強力な政策」と評す。中国政府のEV

化は、極めて戦略的だ。中国の一級都市である北京や上海では、車の台数があまりに増えすぎたため、ガソリン車を買うには抽選でナンバープレートを購入しなくてはならない。この倍率は極めて高く、お金の有無に関わらずガソリン車は高嶺の花だ。

ところが、これがEVとなると抽選が不要となり、即座にナンバーが公布される。しかもEVの場合は、航続距離に応じて二・五万元から最大六万元（約四〇〜九五万円）の助成金や高速料金や駐車料金に関する優遇も受けられる（ただし、ナンバー公布以外の優遇制は徐々に打ち切られる可能性が高い）。

それでも中国のEVブームは夜明け前である。街中に電気スタンドは少なく、EVの価格もガソリン車に比べて高い。中国のEV事情を特集した英フィナンシャル・タイムズ（二〇一七年一二月四日付）は次のように問題点を指摘する――「EV購入を検討する際の懸念事項として消費者から最も多く聞かれるのが、走行途中で充電切れになってしまうことへの不安だ」。実際、私が現地で聞くと中国人の多くはいまだにガソリン車を欲している（これにはガソリン車が依然としてステータス性を帯びていることも少なからず関係しているだろう）。

しかしながら、中国政府の意気込みはこうした状況を一変させる可能性が高い。先にも述べたが、まず消費者の充電に関する悩みを解消するため二〇二〇年までに四八〇万もの電気スタンド（簡易的な充電設備を含む）を設置する。充電の悩みが解消され、ナンバープレートがＥＶでしか発行されないとなったらどうなるか？　しかも、ＢＹＤやドイツのダイムラー（メルセデス）、ＢＭＷなどは中国人のメンツ（ステータス性を重んじる感情）をくすぐる高級ＥＶを中国市場に投入すると宣言している。メンツを重んじる中国人が格好良いと思うＥＶが相次いで発売されれば、それをきっかけにＥＶが劇的なスピードで普及して行くことも考えられなくもない。

何はともあれ、次世代エネルギー車で覇権を取ろうとする中国政府の覚悟を過小評価するのは危険だ。中国は政府（国家）が経済活動に大いに関与する国家資本主義体制であり、原発などの大型インフラを国民の意思とは関係なく推進できる。たとえば、鉄道会社がレールを敷く際に日本など普通の国では会社側が住民側と必ず交渉して折り合いをつけるが、中国では基本的に住民の意向が反映されることなどはない。さすがに民意を完全に無視することはしないだろうが、当局の意向は絶対であり、暴力的な抗議に対しても武装警察が即座に鎮圧にかかる。

こうした強権的な手法に賛同することなど到底できないが、良くも悪くも幅広いコンセンサスを必要としない中国では大規模なプロジェクトの進行が早い。過去の経験則からすると、中国市場ではＥＶの普及が劇的に進む可能性もある。すると、今度は規模のメリットによって多くの異業種がＥＶ業界に参入してくるはずだ。そう、iPhone（アイフォーン）の登場が無数のアプリ・メーカーを誕生させたように。

二一三ページの図をご覧いただきたい。これは二〇一六年の世界スマホ市場におけるブランド・シェアだ。かつてはソニーといった日の丸ブランドも食い込んでいたが、今は見る影もない。このランキングは、驚くべきことにスマホ市場の先行者であるアップル、サムスン、ＬＧ電子を除くとすべてが中国メー

中国勢がひしめく世界スマホ市場

1位	サムスン	22.8%
2位	アップル	15.3%
3位	華為（ファーウェイ）	9.6%
4位	OPPO（広東欧珀移動通信）	7.2%
5位	Vivo（ビボ）	6.0%
6位	LG電子	5.5%
7位	小米（シャオミ）科技	3.7%
8位	聯想（レノボ）	3.7%
9位	TCL	3.7%
10位	中興通訊（ZTE）	3.5%
	その他	18.9%

（2016年　アミカケが中国ブランド）

TrendForceのデータを基に作成

カーだ。これはおよそ五年前までは考えられなかった事態であり、「中華スマホはパクリに過ぎない」という下馬評を中国勢が見事に覆した証拠である。華為（ファーウェイ）の二〇一七年末時点の最新機種は、アップルの最新機種アイフォーンXよりも性能は上だ。そのファーウェイを筆頭とした中華スマホは、今後サムスンやアップルを真に脅かす存在となるに違いない。

私たちはここで、フィーチャー・フォン（ガラケー）のガリバー企業であったフィンランドのノキアが駆逐された事例を今一度噛み締める必要がある。こうした地殻変動が、自動車業界で起こらないとも決して限らないのだ。

それでも日本国内では、ＥＶの次と称されるＦＣＶの分野で日本勢が覇権を取れるとの楽観論が根強い。しかし、そこにも多くの死角がある。

日本の秘策〝水素カー〟

二〇一七年四月、日本の安倍晋三首相は、東京オリンピックが開催される二〇二〇年までに水素エネルギーを使ったFCVを四万台まで普及させると宣言した。この〝水素カー〟こそが、トヨタ自動車ひいては日の丸ブランドの秘策である。前述したように、製造から廃棄までに排出されるCO_2を考慮するとEVは究極のエコカーとは言い難い。その点、究極のエコカーという称号に相応しいのは水素カーだ。

現行のEVは、四〜五時間の充電でおよそ四〇〇キロメートル走行する。一方、水素カーの充てん時間は三〜五分と圧倒的に短い。ガソリン車とほぼ変わらない早さで充てんでき、五〇〇キロメートル以上も走る。しかも排出するのは水蒸気だけで、さらに水素カーはフィルターを介して空気をろ過し、大気中の微小粒子状物質の九九・九%を除去する。こうして付いた水素カーの別名は、「走る空気清浄機」だ。

少なくない市場関係者は、この水素カーこそがEVの次に大勢を占めると踏んでいる。たとえば、日本と競合関係にあるドイツ勢にとっても水素カーこそが本命のようだ。それはドイツの電力事情からも窺える。ドイツは原発を停止していることもあり、電力に頼らないFCVを最終的に普及させたいのだ。

水素カーと言えばトヨタのミライが有名だが、水素カーの量産に世界で初めて成功したのは意外にも韓国の現代自動車（ヒュンダイ）である。これに日本のトヨタ、ホンダ、ドイツのダイムラー（メルセデス）が追随した形だが、二〇一五年までにトヨタのミライが販売台数でヒュンダイのツーソンを抜き去った。現在は、トヨタ自動車がリーダー的な存在としてFCV市場を牽引している。市場調査会社フロスト＆サリバンによると、二〇一七年には約一万八〇〇〇台（予想）の水素カーが世界で販売され、これが二〇二〇年には一〇万六〇〇〇台にまで増える見込みだ。もちろん、それでもガソリン車やEVに比べて市場規模は小さい。

将来的な期待とは裏腹に、水素カーは存在感を示せないでいる。日本の経済産業省は、二〇二〇年までに四万台の水素カーを普及させると意気込んでいるが、米ブルームバーグのニュー・エナジー・ファイナンスによると、現時点の日本国内の累計販売台数はたったの二二〇〇台だ。環境面に限るとFCVはE

次世代エネルギー車の比較

■次世代エネルギー車の動力源とエネルギー供給

分類	エネルギー供給	動力源
HV（ハイブリッド車）	ガソリン	エンジン＋モーター
PHV（プラグインハイブリッド車）	ガソリン＋電源	エンジン＋モーター
EV（電気自動車）	電源	モーター
FCV（燃料〈水素〉電池車）	水素	モーター

■水素自動車と電気自動車の比較

	FCV（燃料〈水素〉電池車）	EV（電気自動車）
充てん時間	3―5分	通常:4時間以上 急速:20―30分
長所	充てん時間が短く、1回の充てんで500km走行 微小粒子99.9%除去	家庭でも充電可能で充電設備が安い 急速に商業化進行
短所	車体価格、水素ステーションの価格が高い	充電時間が長く、走行距離が短い

Vに比べて圧倒的に有利だが、普及のハードルはEVと同じか、もしくはそれ以上に高い。

まず、自動車メーカーにとって水素カーはEVよりも利益を出しにくいと言われている。利益率が低いのだ。そうした理由もあってか、水素カーに参入しようという企業は依然として少ない。二〇一七年の東京モーターショーで水素カーを発表したのは、トヨタとドイツのダイムラー（メルセデス）だけであった。二〇一六年にFCVを発売しているホンダでさえもモーターショーではEVを主力として打ち出し、FCVについては会見でも触れていなかったほどである。利益を出しにくいこともあり、様子見の企業が多いのだ。

ブルームバーグ（二〇一七年一一月二八日付）はこうした現状を省みて、「電気自動車（EV）に対して世界的な注目が集まるなか、トヨタ自動車が次世代エネルギー車の本命と位置づけてきた燃料電池車（FCV）の存在感は薄れつつある」と指摘する。

インフラ拡充の面でも水素カーはハードルが高い。経産省によると、EVの急速充電器の初期費用は三三〇～一六五〇万円ですむが、水素ステーションは四～五億円もかかる。そうした費用面の都合なのか、日本では電気スタンドは七〇〇〇ヵ所あるが、水素ステーションは整備中も含めて一〇〇ヵ所しかない。

それでも環境面からして、ＦＣＶに対する将来的な期待は根強く存在する。ＦＣＶに先立ってＥＶブームが先行するのはほぼ確実な情勢だが、世界最大規模のコンサルティング会社デロイトトーマツの尾山耕一シニアマネージャーは、前出のブルームバーグで次のように期待感を込める――「一〇―二〇年という長いスパンでみたときにＦＣＶの有効性は必ずある。（ＥＶと）共存していく状態を目指すべきだ」（同前）。

トヨタ自動車はＥＶで完全に出遅れており（日本勢でＥＶを商品化しているのは日産自動車だけである）、もはや命運はＦＣＶにかかっている。そして、そこには当然のごとく政府の強力な後押しが必要だ。米中、そしてＥＵとインドなどは国策としてＥＶを普及させようと画策している。日本でも、政府がより積極的に関わって水素カーの普及に努めるべきなのだ。

政府が支援すべきとの持論を展開すると、「政府は無能だから民間への干渉は不要だ」との反論をいただく。しかし、これは言うなれば経済的な戦争だ。戦争に国家が関与しないことなどあり得ない。米中の狙いは、ほぼ間違いなくトヨタ潰しであり、これに負ければ国が傾く事態も考えられるのだ。

当面の間、日本の自動車メーカーは海外市場対策でEVの開発に注力せざるを得ない。しかし、国内では政府が主導してFCVの普及に努めるべきだ。日本をFCV先進国とすれば、自ずと他国とも差別化を図れる。水素ステーションなどのインフラは多額の費用がかさむが、長期的な視野を持って政府が支援すべきだ。

批判を承知で言うが、FCVの普及にあたっては中国やシンガポールなどの国家資本主義体制を少し見習う必要もある。何も強権的な手法で水素ステーションを設置しろだとか、そういうことを言いたいのではない。政府が積極的に、ロビー活動など産業促進の前面に立てと言いたいのだ。実際、米国の環境規制が日本に不利な形となったのは、日本のロビー活動が足りなかったからだとの指摘もある。

新幹線の輸出などに関しては日本政府は率先して前面に立ち、一定の結果を出してきた。鉄道輸出は官民が一体となった良いモデルケースであり、自動車においても日本政府はより積極的に関与する必要がある。

究極のエコカー〝水素〟、その覇権も狙う中国

ちなみに、国家資本主義の中国の野心はＥＶだけ留まらない。実は、ＦＣＶの分野でも野心的な目標を掲げている。

中国政府は二〇一七年一一月九日から二日間にかけて、水素カーに関しては世界で初めてとなる国際会議を開いた。このイベントに、日本のトヨタ自動車、ホンダ技研、エア・リキード、岩谷、韓国のヒュンダイ、米国のプラグ・パワー、シェール、カナダのハイドロジェニクスといった著名なグローバル企業を招待し、彼らの面前で「二〇二〇年までに水素自動車と充電所をそれぞれ五

〇〇〇台、一〇〇〇基以上普及させ、二〇三〇年までにそれぞれ一〇〇万台、一〇〇〇基以上普及させる」と宣言したのである。

これは意欲的な目標だがEVのそれと比べると見劣りするばかりか、日本のそれより野心的とは言えない。本項の冒頭でもお伝えしたが、日本の安倍首相は二〇二〇年までに四万台も普及させると掲げている。しかも、中国が目標としている二〇二〇年までに一〇〇基という水素ステーションの数は、日本ではすぐに達成しそうだ。

もちろん、慢心はできない。前出のブルームバーグによると二〇一四年末に発売されたトヨタのFCV量販車ミライは、二〇一七年六月時点で二二〇〇台しか売れておらず、二〇二〇年までに四万台という目標の五・五％しか達成できていない。日本政府も危機感を募らせており、規制の見直しなどを含めて二〇一七年末までに水素カー普及のための戦略を策定する構えだ。

だが、韓国紙の中央日報（同年一一月一〇日付）は、このイベントを受けて「世界に水素自動車と関連した多様な行事があるが、中央政府が直接取りまとめている国は中国が唯一だ」と指摘。「中国がこれまで手をつけずにいた『水素燃料電気自動車（ＦＣＥＶ）崛起』に向けた波状攻撃に出た」と警戒感を示した。

ＦＣＶは韓国で生まれ、トヨタやホンダが育て、現在はトヨタが業界を牽引している。しかし、政府も含めてうかうかしていると中国勢に簡単に追いつかれるだろう。中国政府は自国でＦＣＶを牽引できると判断すれば、当面の赤字を覚悟で高額の水素ステーションの建設を急ぐはずだ。日本は、技術的に先行しているからと悠長に構えている場合ではない。技術的に先行したいのであれば、研究開発費をさらにつぎ込み圧倒的な差をつけておくべきだ。

繰り返し主張するが、ＥＶで遅れをとったトヨタ自動車の命運は、ＦＣＶにかかっている。かつてスマホの登場を軽視したフィンランドのノキアの携帯部門は、わずか一〇年の間に潰れた。同じ轍をトヨタが踏めば、日本は傾く。

日本の経常収支は黒字を維持しており、仮に自動車産業が崩壊して貿易赤字が拡大しても、所得黒字がそれを補って何とか経常黒字を維持できるかもしれない。ただ、それにより経常収支が所得収支によって黒字を維持できたとしても、海外投資家から見れば製造業なき日本経済など魅力がないに等しい。日本売りが本格化する恐れがある。

また経常収支に関わらず、自動車産業が壊滅すれば国内の雇用は大打撃を受け消費は激減、深刻なデフレが吹き荒れるはずだ。トヨタ、日産、ホンダという〝自動車ビッグスリー〟のなかで海外生産比率がもっとも低いのはトヨタであり、これはすなわち、トヨタが国内の雇用にもっとも貢献していることを意味する。トヨタが傾けば、待っているのは恐慌だ。

それでも尊敬される日本の製造業

「われわれ西側世界はあまりにも傲慢だ。自分の方が進んでいると思っているが状況は変わるだろう」（二〇一七年一二月一五日付ロイター）——中国の自動車メーカー吉利汽車（ジーリー）が新たに設立した自動車ブランド、リンク・アンド・カンパニーのアラン・ビサー氏はこう言い切る。同氏の言うところの本命は、中国だ。「中国は、傲慢なわれわれの目には止まらないほどのスピードで追い抜こうとしている」（同前）。

彼が中国企業で働いているからこそのポジショントークだろうと、切り捨てることはできない。事実、中国の製造業は目を見張る進化を遂げている。決して容易なことではないが、このまま行けば粗悪品という〝メイド・イン・チャイナ〟のイメージが二〇二〇年代には払拭されているかもしれない。かつての〝メイド・イン・ジャパン〟がそうであったように。

中国政府は「中国製造二〇二五」（メイド・イン・チャイナ２０２５）という産業振興策を打ち出しており、次世代エネルギー車やＡＩ、フィンテックなど一〇のハイテク経済セクターを指定し、それらの部門で二〇二五年までに世界市場を支配するか中心的な存在になるとの目標を掲げている。

英エコノミスト誌（二〇一七年九月二一日号）は、製造業の先進化に中国政府が投じる巨額の資金がすべて報われるかどうかはわからないとしつつも、「（先端の製造業の分野で）中国ほど大きな成果を出している国は他にないのではないか」として「他国はもはや対抗できない」とまで断じた。

台頭する龍とは裏腹に、日の丸メーカーからは近年になって不祥事の発覚が続出している。二〇一五年以降、日本企業の間では、東洋ゴムの免震ゴム事業のデータ改ざん問題、旭化成の基礎工事の杭打ちデータ改ざん問題、東芝の不正会計問題、三菱の燃費試験データ改ざん問題、日産自動車とスバルの無資格の従業員による車両の完成検査問題、神戸製鋼所の製品データ改ざん問題、そして三菱マテリアルや東レの製品データ改ざん問題など、多くの不祥事が明るみに出た。

高品質で世界を席巻した日の丸ブランドの相次ぐ不祥事を海外メディアも驚きを持って報じているが、英BBC放送は二つの理由から、日本企業の不祥事が続々と発覚していると分析する。

一つは日本企業が海外のライバルからの圧力に直面していることと、もう一つは二〇〇六年に施行された「公益通報者保護法」の存在だ。この公益通報者保護法はいわゆる内部告発者を保護する法律だが、これが不祥事の発覚にどれだけ貢献したかを知る由はなく、あくまでも憶測の域を出ない。ただし、先に明るみとなったリニア・モーターカーのトンネル工事を巡る談合疑惑では、この法律が内部告発を促したとされる。

とはいえ、不祥事を起こす一番の原因はライバルからの圧力増大であるはずだ。知っての通り、ここ十数年の間に日本の製造業は中韓に代表される新興国勢から猛烈な追い上げを受けている。それでなくとも日本企業の多くは一九九〇年のバブル崩壊を経て長期低迷を強いられるようになり、そこから守りの姿勢に転じる企業が増えた。具体的には企業再編、コスト削減、効率の向上に注力するようになったのだ。富士通研究所の上席主任研究員のマルティン・シュルツ氏は過度な効率の向上が不正の温床になっていると次のように指摘している――「効率向上の努力が管理職に功を焦り利を求めさせるようになる。品質管理コントロールの最低ラインを破ることさえいとわなくなる」（人民網日本語版二〇一七年一一月二八日付）。

失われた二〇年の過程で、日本企業のスタイルは高度成長期の頃と比べて大

き く変わった。近年は、日本企業の多くが株主の利益を尊重する欧米の経営スタイルを重視するようになっている。以前の製造業は長期的な目標を持ち、品質と管理をとても重視していたが、最近の企業は目先の財務状況ばかりを気にかけ、利益を増やすことばかりに忙しい。小松製作所の元会長、坂根正弘氏は次のように現状を嘆いた――「今、品質の問題が理事会で話し合われることはほとんどなく、末端の品質責任者が処理するようになっている」（レコードチャイナ二〇一七年一一月一〇日付）。そう、企業の上層部が品質に関心を持っていないのだ。

終身雇用制が実質的に崩壊したことも不祥事の続発に関係しているかもしれない。ＯＥＣＤ（経済協力開発機構）は昔、日本企業の終身雇用制と年功序列を「経営神器」と絶賛した。しかし、製造業の現場ではその経営神器が完全に破綻している。今から二〇年前は、製造業で働くパート（非正規労働）の割合は二割にすぎなかったが、現在では八割にまで増えた。彼らの賃金は一般的に正規労働者の三分の二から半分ほどで、不況時には率先して契約を切られる立場にあり、一概には言えないが会社への帰属意識が正社員に比べて低い。こうなると、品質管理への熱意も正社員に比べて低くなることが予想される。

一連の不祥事にはこれ以外にも多くの原因が横たわっているはずだが、そもそも先に挙げた不祥事は大した問題ではないと主張する人も少なくない。たとえば神戸製鋼所、三菱マテリアル、東レなどの問題は、「あくまでも企業間の契約違反にすぎず、安全性に問題はないのだから世間に謝罪する意味はない」といった意見だ。また、日産自動車やスバルの完成検査の問題についても「法令違反ではなく、安全性に問題ないのだから消費者に謝罪する必要はない」と擁護する声もある。中には、日本の当局や企業が要求する検査基準は厳しすぎるので、コストなどを考えると多少の違反は仕方ないとまで言う人もいた。

これに対し、欧州で最大のコンサルティング会社ローランド・ベルガーの日本法人会長を務める遠藤功氏はこう喝破する。

――法令うんぬんではなく、顧客との約束を果たせていない段階ですでに問題だ。ましてや顧客の要望を満たすように、品質データを改ざんしていいはずがない。海外企業との取引なら、全数チェックを要求されてもおかしくない。経営陣はもっと謙虚に受け止めるべきだ。

品質は『基本品質』と『機能品質』に分けられる。基本品質とは製品として本来備えるべき品質で、最低限守らなければならないもの。そして、機能品質は差別化のために顧客から個々に要求されるものだ。日本メーカーは主に機能品質を競い、成長してきた。

一連の発言を聞いていると、もともと要求の厳しい機能品質で約束を守れなかっただけ、という甘えを感じる。言い換えれば、自分たちは世界最高品質を目指しているのだから、これぐらいは許されるという一種のおごりだ。

確かに日本メーカーは、基本品質については相当高いレベルを維持している。ただその分、価格は高い。顧客の側から見れば、日本メーカーの信頼性におカネを払っていた側面がある。日本企業なら変なことはないだろうというプレミアム。改ざんが行われていたとなれば、その根底が崩れてしまう。

（東洋経済二〇一七年一二月一三日付）

まったく、その通りだ。遠藤氏が言うところの機能品質における違反（改ざん）だから、安全性に問題はないから、さほど問題ないというスタンスは明らかに驕っている。

私に言わせると、不祥事よりもこの驕りこそが問題であるし、すべての元凶だ。日本の製造業が誇る技術は、バッテリーから半導体といったありとあらゆる分野で間違いなく世界一であり、他国の垂涎の的となっている。

たとえば、ビジネス・ブレイクスルー大学学長の大前研一氏は、世界の自動車市場でいくらＥＶ化が進もうと、トヨタ自動車はハイブリッドで培った技術によって各国の規制に適応できるＰＨＶで技術的に大きく先行できると言い、ＥＶの新興メーカーである米国のテスラ社など敵ではないと喝破している。これはその通りであろう。

ただし、技術的に先行しても日本はブランドの構築は下手だ。たとえば、テスラのユーザーは同社のCEOであるイーロン・マスク氏のカリスマ性を買い、同氏の掲げる壮大なビジョンに共鳴し、テスラ製のEVを選好していると聞く。他にも米国のアップルやドイツのメルセデス、フランスのエルメスといった具合に、とにかく欧米系はブランドの構築が上手い。とくに、メンツを重視する中国人は欧米のブランドが心に響く。マーケティングにおいて、もはや技術がすべてという時代ではないのだ。技術力に加えブランド力にも訴求するモノづくりでなければ、新興市場では受け入れてもらえないだろう。自身の技術力に驕っている場合ではない。

本章の最後に日本の製造業を勇気付ける中国メディアの論評を掲載したい。二〇一七年一一月二九日付の北京商報は、「不祥事が頻発する日本の製造業について、それでも侮ってはならない」とするコラムを掲載した。

「今年（二〇一七年）、世論では日本の製造業の神話が崩壊したとの

言論が巻き起こった。スキャンダル以外にも、東芝のテレビ事業が海信（ハイセンス）に呑み込まれるなど日本の製造業の萎縮を思わせる事例が起きている。コストやリスクのコントロール、管理体制など日本の製造業が苦境に立った要因は多岐に渡っており、具体的な分析が必要だ。新興国の台頭も要因の一つだろう」としている。一方で「スキャンダルが起きたのは事実ではある。ただ、一連の問題が日本の製造業の全貌だと簡単に結論づけるべきではない」とし、日本の製造業が世界市場に誇る分野の広さ、製品の品質の高さは依然として計り知れない。環境、情報、精密機器、自動化、医薬などにおいてはなおも時代の最先端を行っている。職人気質や生産方式、経営理念はやはり世界の製造業にとって生けるお手本なのだ」と論じた。記事は、中国は鉄鋼や造船、高速鉄道といった重工業分野を中国製造業の名刺代わりになるほど発展させてきたが、精巧さを追求する精神において日本とはなおも大きな差があると指摘する。そして、「日本はイノベーションが不足していると言う人がいるが、日本企業は東芝やパナソニック、キヤノン、日立だけではなく、世界市場の様々な分野で隠れた王者の地位を築いている企業が数多くいるという側面が見えていない」と指摘。「サムスンやアップルといったハイテク企業も、日本の高精度な設備や部品、ソリューションがなければ輝きを放てない。他を寄せ付けない技術、整備された企業組織、従業員のモチベーション、労使関係、成熟した実業家、イノベーションを促進する環境、市場とのリンク。こういった点で日本企業は依然として後発者を啓発する存在なのである」。

（レコードチャイナ二〇一七年一一月三〇日付）

私はこの記事を読んだとき、率直に中国は強くなったなと感じた。人民日報など中国共産党機関紙は相変わらず反日的な論調が多いが、それでも「日本を見くびるな」という論調の記事を目にすることは少なくない。一部の中国人は冷静に日本を観察し、学び（盗み）、決して日本に対して斜陽などという表現は

使わず、それでも虎視眈々と次なる覇権を狙っている。

敵に不足はない。論拠に乏しい中国崩壊論をいつまでも唱える日本人も、中国にはこういった人たちが少なからずいることを知るべきだ。健全な危機意識を持つ時である。

一九九七年のアジア通貨危機の際、韓国のサムスン電子は経営危機に陥った。するとサムスンの李健熙《イゴンヒ》会長（当時）は、幹部社員を飛行機に乗せ下界（世界）を見せながらこう言ったという——「このままではサムスン電子は潰れる。サムスンが潰れたら韓国も潰れるぞ。そうならないためにも女房と子供以外すべて取り替えて事業に取り組め」。その後のサムスンの怒涛の猛追は、説明するまでもないだろう。

その李健熙氏は二〇一〇年にもこういった言葉を発している——「今後一〇年以内にサムスンを代表する主力製品の大部分はなくなる。今が本当の危機だ」。念頭にあったのは、中国勢の激烈な追い上げである。

この言葉は、日の丸ブランドの現状にもそのまま当てはまると言ってよい。

日本には世界一の技術力があるからと悠長に構えている暇はないのだ。サムスンが潰れれば韓国が潰れるように、トヨタが潰れれば冗談抜きに日本も潰れるだろう。雌雄を決する戦いは、すでに始まっている。

〈『浅井隆の大予言〈下〉』に続く〉

※『浅井隆の大予言〈下〉』は、二〇一八年四月上旬発刊の予定です。本書に続く二〇二五年以降の予言をまとめました。乞うご期待！（確実に入手されたい方は小社出版部〈TEL：〇三（三二九一）一八二一、FAX：〇三（三二九一）一八二〇〉までご予約されることをおすすめします。送料無料です）。

また今後『第2のバフェットか、ソロスになろう!!』（三月発刊予定）『この国は95—97％の確率で破綻する!!（仮）』（上下巻六月発刊予定）『徴兵・核武装論（仮）』（上下巻七月発刊予定）『2019年大ターニングポイント、2020年オリンピック反動不況（仮）』（一〇月発刊予定）等を発刊の予定です。ご期待下さい。

浅井隆からの重要なお知らせ

——国家破産を生き残るための具体的ノウハウ

厳しい時代を賢く生き残るために必要な情報収集手段

日本国政府の借金は先進国中最悪で、GDP比二五〇%に達し、太平洋戦争終戦時を超えて、いつ破産してもおかしくない状況です。国家破産へのタイムリミットが刻一刻と迫りつつある中、ご自身のまたご家族の老後を守るためには二つの情報収集が欠かせません。

一つは「国内外の経済情勢」に関する情報収集、もう一つは「海外ファンド」に関する情報収集です。これについては新聞やテレビなどのメディアやインターネットでの情報収集だけでは絶対に不十分です。私はかつて新聞社に勤務し、以前はテレビに出演をしたこともありますが、その経験から言えることは「新聞は参考情報。テレビはあくまでショー（エンターテインメント）」だということです。インターネットも含め誰もが簡単に入手できる情報で、これからの激動の時代を生き残って行くことはできません。

皆様にとってもっとも大切なこの二つの情報収集には、第二海援隊グループ（代表　浅井隆）で提供する「会員制の特殊な情報と具体的なノウハウ」をぜひご活用下さい。

〝恐慌および国家破産対策〟の入口「経済トレンドレポート」

最初にお勧めしたいのが、浅井隆が取材した特殊な情報をいち早くお届けする「経済トレンドレポート」です。浅井および浅井の人脈による特別経済レポートを年三三回（一〇日に一回）格安料金でお届けします。経済に関する情報提供を目的とした読みやすいレポートです。新聞やインターネットではなかなか入手できない経済のトレンドに関する様々な情報をあなたのお手元へ。さらに恐慌、国家破産に関する『特別緊急情報』も流しております。「対策をしなければならないことは理解したが、何から手を付ければ良いかわからない」という方は、まずこのレポートをご購読下さい。レポート会員になられますと、様々な割引・特典を受けられます。

詳しいお問い合わせ先は、㈱第二海援隊

TEL：〇三（三二九一）六一〇六　FAX：〇三（三二九一）六九〇〇

恐慌・国家破産への実践的な対策を伝授する会員制クラブ

国家破産対策を本格的に実践したい方にぜひお勧めしたいのが、第二海援隊の一〇〇％子会社「株式会社日本インベストメント・リサーチ」（関東財務局長（金商）第九二六号）が運営する三つの会員制クラブです。

私どもは、かねてから国家破産対策に極めて有効な対策として海外ファンドに注目し、二〇年以上に亘り世界中の銘柄を調査してまいりました。しかも、海外ファンドの中には様々な金融環境に適応して魅力的な成績を上げるものもあり、資産防衛のみならず資産運用にも極めて有用です。

その情報とノウハウを元に、各クラブではそれぞれ資産規模に応じて厳選した銘柄を情報提供しています（「プラチナクラブ」〈金融資産五〇〇〇万円以上〉「ロイヤル資産クラブ」〈同一〇〇〇万円以上を目安〉「自分年金クラブ」〈同一〇〇〇万円未満を目安〉）。参考までに、二四一ページに各クラブの代表的な銘柄の直近の数字を挙げています。その中でも「ＡＴ」ファンドは、ゼロ金利のこの時代に年六％〜七％程度の成績を極めて安定的に上げており、国家破産対策のみならず資産運用のベースラインとしても極めて魅力的です。その他にも多様な戦略を持つ魅力的なファンド情報を随時提供しております。

また、海外ファンド以外にも海外口座や現物資産の活用法など、財産防衛・資産運用に有用な様々な情報を発信、会員様の資産に関するご相談にもお応えしております。浅井隆が長年研究・実践してきた国家破産対策のノウハウを、ぜひあなたの大切な資産防衛にお役立て下さい。

詳しいお問い合わせは「㈱日本インベストメント・リサーチ」

ファンド名	年利回り	年率リスク	最低投資額
BB	14.16% (2011年1月〜2017年10月)	10.29%	10万ドル
S-CBR	14.98% (2013年7月〜2017年11月)	6.29%	10万ドル
QE	11.51% (2014年2月〜2017年11月)	22.24%	10万ドル
豪AT	8.28% (2009年8月〜2017年11月)	0.39%	2.5万ドル
AT	7.50% (2009年8月〜2017年11月)	0.39%	2.5万ドル
NP	13.55% (2011年3月〜2017年11月)	10.81%	2.5万ドル

プラチナクラブ（金融資産五〇〇〇万円以上）

ロイヤル資産クラブ（金融資産一〇〇〇万円以上目安）

自分年金クラブ（金融資産一〇〇〇万円未満目安）

TEL：〇三（三二九一）七二九一　FAX：〇三（三二九一）七二九二
Eメール：info@nihoninvest.co.jp

浅井隆の「株投資クラブ」がついに始動！

現在の日本および世界のトレンドは、一〇年前の金融危機からの脱却は果たせていないものの、好調を維持しています。一方、来たるべき次の危機（世界恐慌や重債務国の破綻）への懸念も高まっています。

こうした「激動と混乱」の時代は、多くの人たちにとっては保有資産の危機となりますが、「資産家は恐慌時に生まれる」という言葉がある通り、トレンドをしっかりと見極め、適切な投資を行なえば資産を増大させる絶好の機会となりえます。

浅井隆は、長年の経済トレンド研究から、いよいよ大激動に突入する今この時期こそ、むしろ株投資に打って出る「千載一遇のチャンス」であると確信し、皆様と共にピンチを逆手に大きく資産を育てるべく、株に関する投資助言クラブの設立を決意しました。

アベノミクス以降、日本の株は堅調に上がってきましたが、実はあと一歩の上昇余地があり、二〇一八年春～夏から二〇一九年前半にかけて最高値を試す展開になる可能性があります。次に、二〇一九～二〇年にかけて世界恐慌、日本の国家破産といった有事により株価が暴落する可能性があります。しかしながら、その後の日本株は高インフレで長期上昇を見せることになるでしょう。詳細は割愛しますが、こうしたトレンドの転換点を適切に見極め、大胆かつ慎重に行動すれば、一〇年後に資産を一〇倍にすることすら可能です。

1．浅井隆、川上明氏（テクニカル分析専門家）が厳選する低位小型株銘柄
2．株価暴落の予兆を分析し、株式売却タイミングを速報
3．日経平均先物、国債先物、為替先物の売り転換、買い転換タイミングを速報
4．バフェット的発想による、日米の超有望成長株銘柄を情報提供

このたび設立する「日米成長株投資クラブ」では、株式投資に特化しつつ経

済トレンドの変化にも対応するという、他にはないユニークな情報を提供するクラブです。現代最高の投資家であるウォーレン・バフェットとジョージ・ソロスの投資哲学を参考として、割安な株、成長期待の高い株を見極め、じっくり保有するバフェット的発想と、経済トレンドを見据えた大局観の投資判断を行なうソロス的手法（日経平均、日本国債の先物での売り）を両立することで、大激動を逆手に取り、「二〇年後に資産一〇倍」を目指します。

銘柄の選定やトレンド分析には、私が長年信頼するテクニカル分析の専門家、川上明氏による「カギ足分析」を主軸としつつ、長年多角的に経済トレンドの分析を行なってきた浅井隆の知見も融合して行きます。川上氏のチャート分析はきわめて強力で、たとえば日経平均では二八年間で約七割の驚異的な勝率を叩き出しています。

会員の皆様には、大激動を逆手に取って大いに資産形成を成功させていただきたいと考えております。なお、貴重な情報であるため少数限定とさせていただいております。ぜひこのチャンスを逃さずにお問い合わせ下さい。

詳しい連絡は「㈱日本インベストメント・リサーチ」
TEL：〇三（三二九一）七二九一　FAX：〇三（三二九一）七二九二
Eメール：info@nihoninvest.co.jp

「ダイヤモンド投資情報センター」

現物資産を持つことで資産保全を考える場合、小さくて軽いダイヤモンドは持ち運びも簡単で、大変有効な手段と言えます。近代画壇の巨匠・藤田嗣治は第二次世界大戦後、混乱する世界を渡り歩く際、資産として持っていたダイヤを絵の具のチューブに隠して持ち出し、渡航後の糧にしました。金《きん》だけの資産防衛では不安という方は、ダイヤを検討するのも一手でしょう。

しかし、ダイヤの場合、金《きん》とは違って公的な市場が存在せず、専門の鑑定士がダイヤの品質をそれぞれ一点ずつ評価して値段が決まるため、売り買いは金《きん》に比べるとかなり難しいという事情があります。そのため、信頼できる専門家や取扱店と巡り合えるかが、ダイヤモンドでの資産保全の成否の分かれ目です。

そこで、信頼できるルートを確保し業者間価格の数割引という価格での購入が可能で、GIA（米国宝石学会）の鑑定書付きという海外に持ち運んでも適正価格での売却が可能な条件を備えたダイヤモンドの売買ができる情報を提供いたします。

また、来たる二〇一八年三月一七日に資産としてのダイヤモンドを効果的に売買する手法をお伝えする、重要な専門家による詳しいレクチャーを開催いたします。

ご関心がある方は「ダイヤモンド投資情報センター」にお問い合わせ下さい。

ＴＥＬ：〇三（三二九一）六一〇六　担当：大津・加納

「ニュージーランド　留学・移住情報センター」

私は世界中を駆け巡り取材を敢行してきましたが、ニュージーランドほど安心・安全で自然豊かで、魅力を兼ね備えた国はないと断言できます。そして、私たち日本人こそが来たるべき国家破産への備えも見据えてニュージーランドを最大活用すべきと考えています。国家破産で日本国内の経済が大混乱になった際、海外に避難先を確保しておくのは極めて大きな安心となるでしょう。

そこでこのたび、ニュージーランドへの留学・ロングステイ・一時訪問・永住その他に関する日本での問い合わせ窓口を開設致しました。二〇年来の私のニュージーランドでの人脈を活かし、現地での信頼の置ける専門スタッフをご紹介致します。ご興味のある方は、ぜひお問い合わせ下さい。

TEL：〇三（三二九一）六一〇六　担当：加納

『浅井隆と行くニュージーランド視察ツアー』

南半球の小国でありながら独自の国家戦略を掲げる国、ニュージーランド。浅井隆が二〇年前から注目してきたこの国が今、「世界でもっとも安全な国」として世界中から脚光を浴びています。核や自然災害の驚異、資本主義の崩壊に備え、世界中の大富豪がニュージーランドに広大な土地を購入し、サバイバル施設を建設しています。さらに、財産の保全先（相続税、贈与税、キャピタルゲイン課税がありませんし、移住先としてもこれ以上の国はないかもしれません。そのニュージーランドを浅井隆と共に訪問する、「浅井隆と行くニュージーランド視察ツアー」を二〇一八年一一月に開催致します（その後も毎年一一月の開催を予定しております）。現地では浅井の経済最新情報レクチャーもございます。内容の充実した素晴らしいツアーです。ぜひ、ご参加下さい。

TEL：〇三（三二九一）六一〇六　担当：大津

近未来の通貨を提案「ビットコイン（仮想通貨）クラブ」

動きが激しい分、上昇幅も大きく、特に二〇一七年は「仮想通貨元年」と日本で言われたこともあり、二〇一七年はじめから一二月中旬まででビットコインの価格は約二〇倍にもなっています。また、ビットコインに次ぐ第二番目の時価総額を誇る「イーサリアム」は、二〇一七年はじめから同じく一二月中旬まででなんと約一〇〇倍にもなっています。このような破壊的な収益力を誇る仮想通貨を利用するための正しい最新情報を「ビットコイン（仮想通貨）クラブ」では発信します。

二〇一七年一一月スタートした「ビットコイン（仮想通貨）クラブ」では大きく五つの情報提供サービスをいたします。一つ目は仮想通貨の王道「ビットコイン」の買い方、売り方（ＰＣやスマホの使い方）の情報。二つ目は仮想通貨の仕様や取り巻く環境の変更についての情報（分岐や規制、税制など）。三つ目は詐欺の仮想通貨の情報、四つ目は仮想通貨取引所の活用時の注意点についての情報。最後五つ目は仮想通貨のその他付属情報や最新情報です。

「ビットコイン（仮想通貨）クラブ」では、仮想通貨の上昇、下落についての投資タイミングの助言は行ないません。しかし、これまで仮想通貨は拡大を続けると同時にその価値を高めていますので、二、三年の中、長期でお考えいただくと非常に面白い案件と言えるでしょう。「よくわからずに怖い」という方もＰＣやスマホの使い方から指導の上、一円からはじめることができますので、まずは試してみてはいかがでしょうか。

東京・大阪にて、年二回ほどセミナーを行なっております。すでに二〇一八年一月に行ないましたので、次回は夏を予定しております。
詳しいお問い合わせ先は「ビットコイン（仮想通貨）クラブ」
ＴＥＬ：〇三（三二九一）六一〇六　ＦＡＸ：〇三（三二九一）六九〇〇

浅井隆のナマの声が聞ける講演会

著者・浅井隆の講演会を開催いたします。二〇一八年は福岡・四月二〇日（金）、名古屋・四月二七日（金）、大阪・五月一二日（土）、東京・五月一八日（金）、広島・五月二五日（金）を予定しております。国家破産の全貌をお伝えすると共に、生き残るための具体的な対策を詳しく、わかりやすく解説いたします。

いずれも、活字では伝わることのない肉声による貴重な情報にご期待下さい。

第二海援隊ホームページ

また、第二海援隊では様々な情報をインターネット上でも提供しております。

詳しくは「第二海援隊ホームページ」をご覧下さい。私ども第二海援隊グループは、皆様の大切な財産を経済変動や国家破産から守り殖やすためのあらゆる情報提供とお手伝いを全力で行ないます。

また、浅井隆によるコラム「天国と地獄」を一〇日に一回、更新中です。経済を中心に、長期的な視野に立って浅井隆の海外をはじめ現地生取材の様子をレポートするなど、独自の視点からオリジナリティあふれる内容をお届けします。ホームページアドレス：http://www.dainikaientai.co.jp/

改訂版!!「国家破産秘伝」「ファンド秘伝」必読です

浅井隆が世界を股にかけて収集した、世界トップレベルの運用ノウハウ（特に「海外ファンド」に関する情報満載）を凝縮した小冊子を作りました。実務レベルで基礎の基礎から解説しておりますので、本気で国家破産から資産を守りたいとお考えの方は必読です。ご興味のある方は以下の二ついずれかの方法でお申し込み下さい。
①現金書留にて一〇〇〇円（送料税込）と、お名前・ご住所・電話番号および「別冊秘伝」希望と明記の上、弊社までお送り下さい。
②一〇〇〇円分の切手（券種は、一〇〇円・五〇〇円・一〇〇〇円に限ります）と、お名前・ご住所・電話番号および「別冊秘伝」希望と明記の上、
弊社までお送り下さい。
郵送先　〒一〇一―〇〇六二　東京都千代田区神田駿河台二―五―一
住友不動産御茶ノ水ファーストビル八階　株式会社第二海援隊「別冊秘伝」係
TEL：〇三（三二九一）六一〇六　FAX：〇三（三二九一）六九〇〇
＊以上、すべてのお問い合わせ、お申し込み先・㈱第二海援隊
TEL：〇三（三二九一）六一〇六　FAX：〇三（三二九一）六九〇〇
Eメール　info@dainikaientai.co.jp　ホームページ　http://www.dainikaientai.co.jp

〈参考文献〉
【新聞・通信社】
『日本経済新聞』『読売新聞』『朝日新聞』『産経新聞』
『東京新聞』『静岡新聞』『北國新聞』『ブルームバーグ』
『フィナンシャル・タイムズ』『ロイター』『ニューズウィーク』
【書籍・拙著】
『日本と中国、もし戦わば』（樋口譲次編・SBクリエイティブ）
『フラット化する世界』（トーマス・フリードマン・日本経済新聞出版社）
『2017年の衝撃』（第二海援隊）
【論文・レポート】
『南海トラフ巨大地震 被害想定と対策』（内閣府〈防災担当〉企画官　中込淳）
『リスボン地震とその文明史的意義の考察　研究調査報告書』
（公益財団法人ひょうご震災記念21世紀研究機構 研究調査本部）
『海上警察機関の領海警備活動』（上田貴雪）
『THE FUTURE OF EMPLOYMENT（「雇用の未来」）』
『日本におけるコンピュータ化と仕事の未来』（野村総合研究所）
『Industrial Internet of thingsを価値創造につなげる
グローバルＣＥＯ調査2015』（米アクセンチュア）
『Bitcoin:A Peer-to-peer Electronic Cash System』（ナカモトサトシ）
『ブロックチェーン技術を利用したサービスに関する国内外動向調査』（経済産業省）
『低金利下の各国住宅価格と家計債務
～グローバル経済金融レビュー2017年夏～』（三井住友信託銀行）
【雑誌・その他】
『週刊現代』『現代ビジネス』『明日への選択』『AERA』
『ロイヤル資産クラブレポート』『経済トレンドレポート』
【ホームページ】
『ウィキペディア』『コトバンク』
『内閣府』『気象庁』『文部科学省』『国土地理院』『ＮＨＫ』『ＣＮＢＣ』
『一般財団法人国土技術研究センター』『海岸昇降検知センター』
『鹿島建設株式会社』『ウォールストリート・ジャーナル電子版』
『バロンズ』『フォーブス　電子版』『ダイヤモンド・オンライン』
『日経BP』『週プレNEWS』『THE PAGE』『ZUU online』『nifty』
『ビジネスインサイダー』『IOTtoday』『プレジデント』『東洋経済』
『中央日報』『レコード・チャイナ』『人民網』『朝鮮日報』
『噴火ドットコム』『ＮＰＯ法人環境防災総合政策研究機構』

〈著者略歴〉
浅井　隆　（あさい　たかし）
経済ジャーナリスト。1954年東京都生まれ。学生時代から経済・社会問題に強い関心を持ち、早稲田大学政治経済学部在学中に環境問題研究会などを主宰。一方で学習塾の経営を手がけ学生ビジネスとして成功を収めるが、思うところあり、一転、海外放浪の旅に出る。帰国後、同校を中退し毎日新聞社に入社。写真記者として世界を股に掛ける過酷な勤務をこなす傍ら、経済の猛勉強に励みつつ独自の取材、執筆活動を展開する。現代日本の問題点、矛盾点に鋭いメスを入れる斬新な切り口は多数の月刊誌などで高い評価を受け、特に1990年東京株式市場暴落のナゾに迫る取材では一大センセーションを巻き起こす。その後、バブル崩壊後の超円高や平成不況の長期化、金融機関の破綻など数々の経済予測を的中させてベストセラーを多発し、1994年に独立。1996年、従来にないまったく新しい形態の21世紀型情報商社「第二海援隊」を設立し、以後約20年、その経営に携わる一方、精力的に執筆・講演活動を続ける。2005年7月、日本を改革・再生するための日本初の会社である「再生日本21」を立ち上げた。主な著書：『大不況サバイバル読本』『日本発、世界大恐慌！』（徳間書店）『95年の衝撃』（総合法令出版）『勝ち組の経済学』（小学館文庫）『次にくる波』（PHP研究所）『Human Destiny』（『9・11と金融危機はなぜ起きたか!?〈上〉〈下〉』英訳）『あと2年で国債暴落、1ドル＝250円に!!』『いよいよ政府があなたの財産を奪いにやってくる!?』『2017年の衝撃〈上〉〈下〉』『すさまじい時代〈上〉〈下〉』『世界恐慌前夜』『あなたの老後、もうありません！』『日銀が破綻する日』『ドルの最後の買い場だ！』『預金封鎖、財産税、そして10倍のインフレ!!〈上〉〈下〉』『トランプバブルの正しい儲け方、うまい逃げ方』『世界沈没——地球最後の日』『2018年10月までに株と不動産を全て売りなさい！』『世界中の大富豪はなぜＮＺに殺到するのか!?〈上〉〈下〉』『円が紙キレになる前に金を買え！』『元号が変わると恐慌と戦争がやってくる!?』『有事資産防衛　金か？　ダイヤか？』（第二海援隊）など多数。

浅井隆の大予言〈上〉

2018年2月9日　初刷発行

著　者　浅井　隆
発行者　浅井　隆
発行所　株式会社　第二海援隊
〒101-0062
東京都千代田区神田駿河台2-5-1　住友不動産御茶ノ水ファーストビル8F
電話番号　03-3291-1821　　FAX番号　03-3291-1820

印刷・製本／株式会社シナノ

© Takashi Asai　2018　ISBN978-4-86335-185-1
Printed in Japan

第二海援隊発足にあたって

日本は今、重大な転換期にさしかかっています。にも関わらず、私たちはこの極東の島国の上で独りよがりのパラダイムにどっぷり浸かって、まだ太平の世を謳歌しています。

しかし、世界はもう動き始めています。その意味で、現在の日本はあまりにも「幕末」に似ているのです。ただ、今の日本人には幕末の日本人と比べて、決定的に欠けているものがあります。それこそ、志と理念です。現在の日本は世界一の債権大国（＝金持ち国家）に登り詰めはしましたが、人間の志と資質という点では、貧弱な国家になりはててしまいました。それこそが、最大の危機といえるかもしれません。

そこで私は「二十一世紀の海援隊」の必要性をぜひ提唱したいのです。今日本に必要なのは、技術でも資本でもありません。志をもって大変革を遂げることのできる人物と、それを支える情報です。まさに、情報こそ〝力〟なのです。そこで私は本物の情報を発信するための「総合情報商社」および「出版社」こそ、今の日本にもっとも必要と気付き、自らそれを興そうと決心したのです。

しかし、私一人の力では微力です。ぜひ皆様の力をお貸しいただき、二十一世紀の日本のために少しでも前進できますようご支援、ご協力をお願い申し上げる次第です。

浅井　隆